ANLEITUNG
ZUM
ENTWURF
VON
STÄDTISCHEN
RÄUMEN

HAND
BUCH
DER
STADT
BAUKUNST

STUDIENAUSGABE

CHRISTOPH MÄCKLER MIT BIRGIT ROTH

ANLEITUNG
ZUM
ENTWURF
VON
STÄDTISCHEN
RÄUMEN

HAND
BUCH
DER
STADT
BAUKUNST
STUDIENAUSGABE

4
STRASSENRÄUME

BAND 1 **STADTRÄUME**
BAND 2 **HOFRÄUME**
BAND 3 **PLATZRÄUME**
BAND 4 **STRASSENRÄUME**

KIEL

STRALSUND • PUTBUS

LÜBECK • GREIFSWALD

WISMAR

HAMBURG

BREMEN • LÜNEBURG

OLDENBURG

CELLE • BERLIN

HANNOVER • BRAUNSCHWEIG • POTSDAM

MÜNSTER • BIELEFELD • EISENHÜTTENSTADT

WARENDORF

BOCHUM • DORTMUND • HALLE (SAALE)

ESSEN • LEIPZIG • GÖRLITZ

WUPPERTAL • KASSEL • DRESDEN

DÜSSELDORF • BAD AROLSEN

KÖLN • ALSFELD • WEIMAR • CHEMNITZ

AACHEN

FRANKFURT AM MAIN

WIESBADEN

TRIER • MAINZ • BAMBERG

MANNHEIM • NÜRNBERG

LUDWIGSHAFEN

SPEYER • ANSBACH

HEIDELBERG • DINKELSBÜHL • REGENSBURG

KARLSRUHE

LUDWIGSBURG • NÖRDLINGEN • PASSAU

STUTTGART • SCHWÄBISCH GMÜND

TÜBINGEN • LANDSHUT

FREUDENSTADT • AUGSBURG

FREIBURG • MÜNCHEN

KEMPTEN • ROSENHEIM

WANGEN • BAD TÖLZ

LINDAU

BAND 4 STRASSENRÄUME

DIE STÄDTISCHE STRASSE VITTORIO MAGNAGO LAMPUGNANI

BEISPIELE VON STRASSENRÄUMEN ALS ANLEITUNG ZUM ENTWURF

DIE ALLEE IM STRASSENRAUM
DAS ZIELGEBÄUDE IM STRASSENRAUM
DIE BIEGUNG IM STRASSENRAUM
DIE ARKADE IM STRASSENRAUM
ANMUTUNG UND BREITE STÄDTISCHER WOHNSTRASSEN

STRASSENRÄUME IM VERGLEICH

VITTORIO MAGNAGO LAMPUGNANI

DIE STÄDTISCHE STRASSE

Im Theater, der Inszenierung menschlichen Lebens und Zusammenlebens *par excellence*, spielt der öffentliche Straßenraum seit jeher eine zentrale Rolle. Das griechische und das römische Drama bevorzugten die städtische Straße als Ort der Handlung. Im Mittelalter wurden Schauspiele ohnehin meistens auf der Hauptgasse oder dem Marktplatz aufgeführt. In der Renaissance bildeten die raffiniert perspektivisch komponierten Theaterszenen überwiegend Straßen nach: sowohl die temporären Arrangements wie Raffaels Bühnenbild für die Aufführung von Ludovico Ariostos „Suppositi", die 1519 im Vatikan stattfand, als auch die permanenten Bauten wie etwa Palladios Teatro Olimpico in Vicenza, das 1580–1584 realisiert wurde und bei welchem Vincenzo Scamozzi auf der Bühne fünf *trompe-l'œil*-Straßen schuf. Die zeitgenössischen Stücke offenbaren die gleiche Vorliebe: William Shakespeares „Kaufmann von Venedig" hat nicht weniger als elf Straßenszenen, „Der Widerspenstigen Zähmung" und „Julius Caesar" spielen nahezu ausschließlich im Stadtraum. Diese Bevorzugung der Straße ließ auch im Barocktheater nicht nach, und desgleichen blieb die Oper des 18. Jahrhunderts in ihrer Inszenierung weitgehend stadtgebunden: so auch Mozarts „Don Giovanni". Bis in unsere Zeit ist die Straße ein wichtiger Ort der dramatischen Auseinandersetzung geblieben.

Für das Theater – kaum jedoch für Architektur und Stadtplanung. Was die künstlerische Inszenierung des Lebens der Wirklichkeit entlehnt hat, ist in der Wirklichkeit selbst zunehmend verhindert. Die Straßen, auf denen sich das abspielte, was das Theater nachbildete und überhöhte, gibt es immer weniger; und immer weniger vermag sich das abzuspielen, was man – inzwischen schon als Surrogat – auf der Bühne vorgeführt bekommt.

Unstrittig ist immerhin, dass die Straße zu den wichtigsten Elementen der Stadt gehört und zugleich eine Hauptaufgabe der städtebaulichen Planung darstellt. Bei ihrer Definition spielen unter anderem funktionale, technische, ökonomische, soziologische und nicht zuletzt formale Aspekte eine Rolle. Erstere sind in den vergangenen Jahrzehnten dominant geworden, aber dem war nicht immer so. Im Gegenteil.

Bereits in den ältesten uns bekannten Städten bildeten die Straßen mit ihrer Vernetzung, Dichte und ihrem Verhältnis zur Bebauung die gestaltgebende geometrische Ordnung und funktionale Grundstruktur der Stadt. Zugleich gerieten sie zu Kommunikationszonen und politischen, religiösen und kulturellen Allegorien. Zeremonialachsen treten bereits in den Städten der Hochkulturen des 2. Jahrtausends v. Chr. im Nahen Osten und in Indien auf. Zu den berühmtesten antiken Prozessions- und Prachtstraßen zählt jene, die König Nebukadnezar im 6. Jahrhundert v. Chr. in Babylon anlegen ließ: Sie führt vom Ischtar-Tor an allen Monumentalbauten der Stadt vorbei bis zum Etemenanki, dem Tor der Fruchtbarkeitsgöttin; auf ihr wurde ein Abbild Marduks, des obersten Stadtgotts, in feierlicher Prozession durch die Stadt getragen, um seine symbolische Vereinigung mit dem Volk und dem weltlichen Herrscher zu zelebrieren.

Regelmäßige Straßennetze wurden erstmals im griechischen Städtebau bei den Neugründungen in Kleinasien und in Süditalien sowie auf Sizilien vom 6. Jahrhundert v. Chr. an angelegt: noch rudimentär im Streifenstadtsystem, hierarchisch verfeinert im hippodamischen System, wie es in Piräus oder Milet zur Anwendung kam. Von der schmalen Wohnstraße über die breitere Durchgangsstraße bis hin zu den immens weiten, linearen Räumen, zwischen welchen die *Agorai* eingespannt waren, entfaltete sich dort bereits ein breites Spektrum von Straßentypen mit unterschiedlichen Formen, Nutzungen und Bedeutungen. Im römischen Städtebau wurden dem Stadtplan stets zwei Hauptstraßen

Abb. 1 **BERN** Gerechtigkeitsgasse,
Postkarte, 1950er Jahre

Abb. 2 **FLORENZ** Unbekannter Künstler, Straßenspiele
auf der Via Tornabuoni, 1266

zugrunde gelegt, die sich im rechten Winkel kreuzten: *Cardo* und
Decumanus. In der Zeit des Imperiums wurden sie zu prächtigen
Kolonnaden-Straßen ausgebaut, wie sie in Ephesus oder Palmyra
zu bewundern sind.

Die mittelalterlichen Straßen zeichneten sich oftmals durch eine
unregelmäßige, vielfach gebrochene oder gekurvte Führung aus;
aber in Gründungsstädten wie den Terre Nuove, welche die toska-
nischen Stadtstaaten anlegten, allen voran Florenz, sind sie gerade
und für damalige Verhältnisse breit. In den Zähringer Gründungen
sind einige Gassen sogar platzartig verbreitert, Hauptverkehrs-
achsen der Stadt und Marktorte zugleich. (Abb. 1)

Einen neuen Triumph feierte die Stadtstraße in der Renaissance:
Möglichst gerade und möglichst breit angelegt, repräsentierte sie
nicht mehr religiöse oder königliche Macht, sondern Reichtum,
Tüchtigkeit und Geschmack des Stadtadels, der Bankiers und der
Händler. Die Strada Nuova in Genua, aber auch die Uffizien in
Florenz von Giorgio Vasari verkörpern diesen neuen Typus. (Abb. 2)

Im Barock wurden die Straßen mehr und mehr zu einem möglichst
homogenen und perspektivisch auf einen einzigen Punkt zusam-
menlaufenden linearen Raum gestaltet. Die Planungen, die Papst
Sixtus V. und sein Architekt Domenico Fontana zwischen 1585
und 1590 für Rom entwickelten und in substanziellen Teilen reali-
sierten, deuteten die gesamte Stadt als zusammenhängendes räumliches System von Straßenachsen, welche die wichtigsten Kirchen
miteinander verbinden. (Abb. 3) In Paris und vor allem in Versailles
wurden die Achsen systematisch zur symbolischen Erschließung
der Stadt und der umliegenden Landschaft eingesetzt, zur Dar-
stellung, Verherrlichung und Verklärung des Absolutismus. (Abb. 4)
Das gilt auch für Unter den Linden in Berlin, unter dem Großen
Kurfürsten Friedrich Wilhelm als Prachtallee angelegt und mit den
von Monumentalbauten gebildeten Straßenkulissen und der vier-
fachen Baumreihe weniger dem Verkehr als vielmehr den paradie-
renden Soldaten und flanierenden Offizieren gewidmet.

Im Klassizismus wurde das Thema der großen städtischen Straßenachse ebenfalls in zahlreichen Variationen neu abgehandelt: Die
barocke Fürstenachse wirkte auch jenseits des Bezugs auf die Re-
sidenzen und in Abwesenheit ihrer Urheber weiter.

Mit den neuen Verkehrsanforderungen, aber vor allem mit dem
Aufkommen der bürgerlichen Klasse entstand im 19. Jahrhundert
ein neuer Typus von Straße: der Boulevard. In Paris wurden unter
Napoleon III. und Georges-Eugène Haussmann breite, prächtige
Straßenzüge durch die alte Bausubstanz gebrochen oder neu tras-
siert. (Abb. 5 und 6) Die Schleifung der Stadtmauern wurde in Wien
zum Anlass für die Anlage der Ringstraße, die mit ihrem breiten,
polygonal abgeknickten Raum, ihren differenzierten, mit Baumreihen abgegrenzten Fahrbahnen und ihrer prachtvollen Ausstat-
tung mit öffentlichen Bauten nicht nur der raschen Verschiebung
der Truppen zwischen den Kasernen der Stadt diente, sondern
auch und vor allem zu einer beliebten städtischen Bühne geriet.
Diese Beispiele wurden in zahlreichen europäischen Städten nach-
geahmt: im Kurfürstendamm in Berlin, in der Königsallee in
Düsseldorf, in der Bahnhofstraße in Zürich. Auch außerhalb Euro-
pas übernahm man das Modell des Boulevards: etwa in Bostons
großartiger Commonwealth Avenue, die nach dem Entwurf von
Arthur Delevan Gilman zum Rückgrat des neuen, noblen Stadtquartiers Back Bay wurde.

Der Bruch in dieser Entwicklung erfolgte in den 1920er und 1930er
Jahren mit dem Neuen Bauen. Die unhaltbaren Lebensbedingungen
des städtischen Proletariats in den ebenso ungesunden wie über-
belegten Mietskasernenwohnungen des späten 19. Jahrhunderts
regten die sozial engagierten Architekten an, Alternativen zur historischen Stadt zu entwickeln. In einer geschichtlich verständ-
lichen, aber einseitigen Reaktion schienen Licht, Luft und Sonne
die maßgeblichen Voraussetzungen eines gesunden, würdigen
Lebens zu sein. Otto Haesler, der Erbauer der Siedlung Rothenberg
in Kassel, fasste das vermeintliche Gebot der Stunde zusammen:

DIE STÄDTISCHE STRASSE

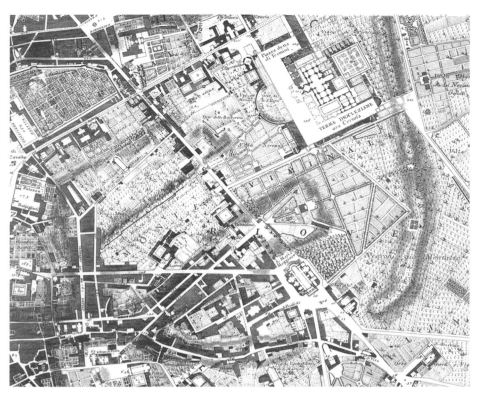

Abb. 3 **ROM** Giovanni Battista Nolli,
Ausschnitt des Plans von Rom mit der Via Felice, 1748

Es ginge in erster Linie um das „biologisch richtige Wohnen". Dieses fand im Zeilenbau seine konsequenteste Verabsolutierung, nahm jedoch auch andere Formen an. (Abb. 7) Ihnen gemeinsam ist das Primat der individuellen Wohnung und die rigide Orientierung der Baukörper nach den Himmelsrichtungen, die Vorliebe für große, begrünte Abstandsflächen und die Ablehnung jeder Enge und Geschlossenheit, aber auch das unbekümmerte Desinteresse an allem, was mit öffentlichem Stadtraum zu tun hat. Der Stadtraum war das, was zwischen den Häusern übrig blieb: Restfläche. Die klassische, traditionelle Korridorstraße mit ihren geschlossenen Wänden geriet zum Gegenstand der Kritik und zum Feindbild: Le Corbusier ging so weit, polemisch dazu aufzufordern, sie zu „töten". In der Tat gibt es in den Siedlungen des Neuen Bauens keine volumetrisch gefassten Straßen, keinen geschlossenen Platz, keinen geborgenen Hof. Die Konzentration der Aufmerksamkeit auf das einzelne Haus und die Besorgtheit um aseptische Reinheit haben dazu geführt, dass zwar überall die Sonne hineinscheint, aber auch dazu, dass es überall „zieht".

Etwas kam hinzu. Das generöse gesellschaftliche Engagement, für ein besseres Leben zu planen, artete zur naiv-positivistischen Illusion aus, ein besseres Leben sei planbar. Mit dieser Überzeugung, die durch die Wissenschaftsgläubigkeit der Zeit zusätzlich genährt wurde, machten sich die Architekten daran, sämtliche Lebensäußerungen des Individuums zu splitten, einzeln zu betrachten und für jede Unterfunktion eine architektonische Antwort zu suchen. Auch die Funktionen der Stadt wurden säuberlich voneinander getrennt. Die Straßen waren plötzlich zum Fahren da und zu nichts sonst, die Wege zum Laufen. Alles funktionierte makellos, aber das Wichtigste fehlte: die Lebendigkeit, die Überraschung, das Durcheinander. Es fehlte die Urbanität.

In der Tat wurde vergessen, dass Fahr- und Fußgängerwege, wenn sie in ein Dorf oder in eine Stadt einmünden, zu Straßen werden. Es wurde vergessen, dass sie dann neben ihrer primären Funktion,

Fahrzeugen und Menschen eine möglichst rasche und unbehinderte Fortbewegung zu gestatten, noch ganze Bündel weiterer Aufgaben zu übernehmen haben: Im städtischen Raum hält man sich auf, man geht spazieren, man sitzt und speist und beobachtet die anderen Passanten, man sieht sich die Schaufenster an, man kauft, man verkauft, man handelt, man redet, man streitet und diskutiert, man trifft sich, man knüpft Beziehungen, man flaniert, man ist müßig. Und es wurde vergessen, dass Straßen und Plätze in diesem Zusammenhang ungleich komplexere architektonische Formen annehmen müssen.

Bereits die Sprache offenbart die typologische Vielfalt: Es gibt Straßen, Gassen, Sackgassen, Wege, Durchgänge, Alleen, Avenuen, Boulevards. Es gibt Steigen, Staffeln, Rampen, Treppen. Es gibt überdachte Straßen, Arkaden, Kolonnaden, Loggien, Galerien. Und alles in unzähligen architektonischen Variationen, mit unzähligen Formen und Stimmungen: eng, breit, schwer, luftig, gewunden, gerade, intim, offen, repräsentativ.

Die Vielfalt der Bezeichnungen vermag nur eine Ahnung der unerschöpflichen Vielfalt des Stadtraums zu vermitteln. Sie leitet sich aus jener ebenso unerschöpflichen Vielfalt von Lebensformen ab, die das Städtische, die Urbanität ausmacht. Die Urbanität wird allerdings ihrerseits erst durch solche Architekturen überhaupt ermöglicht. Walter Benjamin, dem einige der scharfsichtigsten Schilderungen des Städtischen zu verdanken sind, hat als einer der Ersten im 20. Jahrhundert die Aufgabenvielfalt des öffentlichen Raums wiederentdeckt. Die Straßen erscheinen ihm als „die Wohnungen des ewig unruhigen, ewig bewegten Wesens, das zwischen Hausmauern so viel erlebt, erfährt, erkennt und ersinnt, wie das Individuum im Schutz seiner vier Wände. Der Masse sind die glänzenden, emaillierten Firmenschilder so gut und besser ein Wandschmuck wie im Salon dem Bürger ein Ölgemälde, Brandmauern ihr Schreibpult, Zeitungskioske ihre Bibliotheken, Briefkästen ihre Bronzen, Bänke ihr Boudoir und die Caféterrasse ihr Erker, von wo sie auf ihr Hauswesen herabsieht. Wo am Gitter Asphaltarbeiter den Rock hängen haben, ist ihr Vestibül und die Toreinfahrt, die aus der Flucht der Höfe ins Freie leitet, der Zugang in die Kammern der Stadt."[1]

Doch blieben solcherlei Einsichten weitgehend isoliert, und die Reaktion auf die stadträumlichen Versäumnisse der 1920er und 1930er Jahre ließ auf sich warten. Die monumentale Regimearchitektur, die in den meisten europäischen Staaten die dem Neuen Bauen verpflichteten Experimente vor dem Zweiten Weltkrieg ablöste, bot nur unsystematische, vereinzelte und oft übermäßig pathetische Alternativen, unter denen Marcello Piacentinis Via Imperiale, die zentrale Achse der Trabantenstadt E 42 (später EUR) bei Rom, die zunächst als Viadukt geplant war und schließlich wieder auf dem Boden landete, vergleichsweise versöhnlich anmutet. Noch weniger überzeugend sind die Straßen der gleichzeitig wiederaufgelebten heimattümelnden Baukunst, die zuweilen eine dörflich-idyllische, aber nie eine städtische Atmosphäre erzeugen. In den 1950er Jahren schaute man meistens nur bis zu den Zwanzigern zurück.

Eine besondere, aber auch bedrohliche Form der Stadtstraße entwickelte sich in den 1950er und 1960er Jahren unter dem Druck des Automobilverkehrs in den USA. Die Autobahnen, die Highways und Freeways, die bereits das gesamte Land durchzogen,

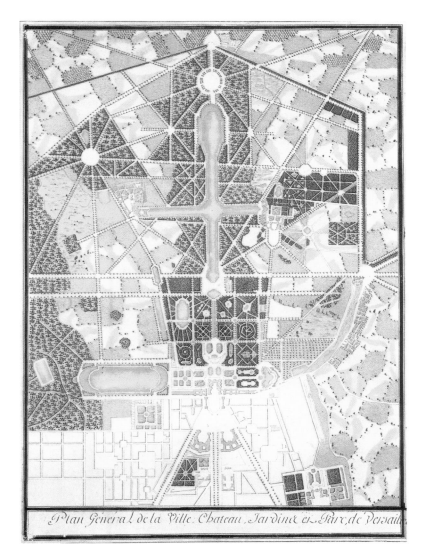

Abb. 4 **VERSAILLES** Plan der Stadt, des Schlosses und der Gärten von Versailles, Anfang 18. Jahrhundert

drangen in die Städte ein und mutierten zu neuen monofunktionalen Boulevards. Der Strip von Las Vegas mit seiner Aneinanderreihung von Vergnügungsstätten und seinem linearen Wald von Verkehrs- und Werbezeichen geriet zum Prototyp der amerikanischen Version der europäischen Magistrale, jedoch nicht mehr – wie etwa die französischen Boulevards – primär für den Fußgänger bestimmt, sondern so gut wie ausschließlich für den Autofahrer. Es ist kein Zufall, dass Robert Venturi diese zutiefst amerikanische Prachtstraße zum Forschungs- und Lehrstück erhob. Europa zog nur zögerlich und punktuell nach, aber die Autobahneinfahrt von Darmstadt nach Frankfurt am Main ist ein vergleichsweise frühes Beispiel dafür, dass auch diese Seite des Ozeans vor derlei beunruhigenden Mutationen nicht gefeit war.

Erst um 1960 begann sich der Blick der Stadtplaner allmählich zu schärfen. Allerdings zeitigten die Rückbesinnung und die Erkenntnis der Versäumnisse der nahen Vergangenheit zunächst lediglich romantisch-regressive Utopien: In den historischen Stadtzentren wurden die Fußgängerzonen eingerichtet, ebenso isolierte wie paralysierende Maßnahmen, die mit dem vorrangigen Ziel der Umsatzerhöhung für Kaufhäuser und Läden konzipiert wurden und das meist ohnehin gestörte urbane Gleichgewicht monofunktional verzerrten. Das natürlich durchmischte städtische Treiben wurde durch künstliches Einkaufsflanieren vor neu aufgestellten Fachwerkkulissen und zweifelhaft gestylten „Möblierungen" ersetzt.

Einen Mittelweg zwischen grimmig entschlossener Fortschrittsgläubigkeit und resignierender Nostalgie schlug die niederländische städtische Straßenplanung zu Beginn der 1970er Jahre ein: In Delft wurden die ersten *Woonerf* erprobt, Wohnhöfe, in denen das Wohnen zwar im Vordergrund steht, aus denen das Auto jedoch nicht ganz verbannt ist. Straßenschwellen, raue Pflasterungen, Verengungen und Verschwenkungen der Fahrbahn verhindern schnelles Fahren, während Bäume, Sitzbänke und eine gepflegte Außenraumgestaltung die Bewohner dazu einladen, die Straße auch als Aufenthaltsraum zu benutzen.

Indessen wirkte die Wiederentdeckung der Straße als Raum nicht nur auf die Restaurierung und Reparatur vorhandenere Stadtteile, sondern auch auf deren Ergänzung und auf den Bau neuer urbaner Strukturen. 1973 demonstrierte Rob Krier am Beispiel der Innenstadt von Stuttgart die Rekonstruktion zerstörter Stadträume: Er vernähte in seiner gleichzeitig utopischen und historistischen Planung die durch die Verkehrsbauten der Nachkriegszeit voneinander abgeschnittenen Viertel wieder miteinander und erschloss den Citybereich erneut für den Fußgänger, ohne dabei das Auto zu verdrängen. Dafür „füllte" er an städtebaulich markanten Stellen die Löcher, welche die Bodenspekulation und das Gespenst der autogerechten Stadt in der historischen Textur aufgerissen hatten. Die Entwürfe sehen monumentale Achsen, regelmäßig bepflanzte Alleen, lange Kolonnaden und feierlich geometrisierende Gebäude vor; sie sollen die innerstädtische Leere, die nur „kollektive Traurigkeit" erzeugt, in erlebbare Stadträume verwandeln, in denen die Bürger „ihre menschliche Würde" wiederzufinden vermögen.

Ein Manifest erhielt die neue städtische Sinnlichkeit im Jahr 1980 mit der *strada novissima* auf der Ersten Internationalen Architekturbiennale in Venedig; Paolo Portoghesi, ihr Direktor, deklarierte die Abstände zwischen den Säulen der Corderia dell'Arsenale, einem großartigen Fabrikationsgebäude aus dem 16. Jahrhundert, zu Parzellen, in denen rechts und links jeweils zehn prominente Architekten eine bunte, sieben Meter hohe Fassade aus Holz und Pappe errichteten. Die aufsehenerregende Reihung anfassbarer und betretbarer Architekturbekenntnisse sollte nicht nur ein Malraux'sches

Abb. 5 **PARIS** Boulevard de Sébastopol, Fotografie von Charles Marville,
zweite Hälfte 19. Jahrhundert

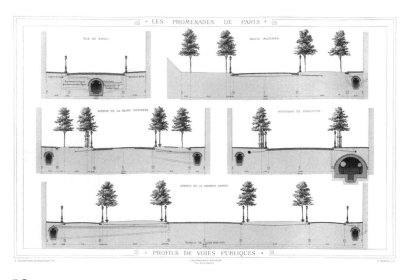

Abb. 6 **PARIS** Adolphe Alphand, Querschnitte
von Pariser Straßen und Boulevards, 1867–1873

Abb. 7 **BERLIN** Hufeisensiedlung in Berlin-Britz,
Luftaufnahme, um 1930

Musée imaginaire der soeben aus der Taufe gehobenen architektonischen Postmoderne verkörpern, sondern auch und vor allem die
Wiederentdeckung der städtischen Straße feiern.

Das waren noch Theorien, Utopien, allenfalls von Cinecittà-Film-
kulissenexperten in bester Fellini-Tradition geschaffene Inszenie-
rungen: städtebauliche Träume. Sie gebaute Wirklichkeit werden
zu lassen, schickte sich die Internationale Bauausstellung an, die
1984/87 in Berlin stattfand. Sie stellte sich die Rekonstruktion
des historischen Stadtgrundrisses als primäre Aufgabe und leitete
mit ihrer Strategie des Rückbaus zahlreiche Maßnahmen ein, die
Platzräume und vor allem Straßenräume redimensionierten und
neu fassten. (Abb. 8)

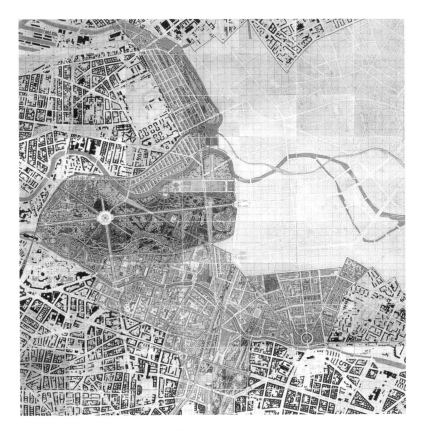

Abb. 8 **BERLIN** Josef Paul Kleihues u. a.,
Internationale Bauausstellung Berlin,
städtebaulicher Rahmenplan, 1984

Seitdem ist die Straße wieder ein zentrales städtebauliches und
architektonisches Thema. Das Bewusstsein hat sich durchgesetzt,
dass Straßen nicht nur wesentlich das Bild bestimmen, das Städte
nach außen hin zeigen und das sich die Menschen von den Städten
machen, sondern dass sie auch deren gesellschaftliches Leben
maßgeblich prägen. Fragen wie Breite der Straße, ihre Länge, das
Verhältnis von Breite zu Länge, die Art und Höhe der straßenbegleitenden Bebauung, die Differenzierung der Straße in Höhe
und Breite, ihre Führung – gerade, gekrümmt oder geknickt – sind
erneut in den Mittelpunkt der Aufmerksamkeit der Architekten
getreten; genauso wie das Profil, die Bepflanzung, die Beleuchtung,
die Beschaffenheit des Bodenbelags. Grundsätzlich stellen sich
auch die Alternativen wieder in ihrer Breite und Vielfalt: Korridorstraße, von den Bauten losgelöste Straße, Straße in geschlossener
und in offener Bebauung, Straße mit Anfangs- und Endpunkten,
offen in den Horizont auslaufende Straße.

Die Tradition der reichen Manualistik von Straßentypen, die vor
allem im 19. und im 20. Jahrhundert Höhepunkte erreichte, wird
wiederaufgegriffen. Arbeiten wie „The New Handbook of Civic
Art", das aus der Bewegung des New Urbanism hervorging, und
der „Atlas zum Städtebau", der an der ETH in Zürich entwickelt
wurde, knüpfen an Josef Stübbens „Der Städtebau" von 1890, an
Raymond Unwins „Town Planning in Practice" von 1909, vor
allem aber an Werner Hegemanns und Elbert Peets' „American
Vitruvius" von 1922 an, das nicht zufällig den Untertitel „An
Architects' Handbook of Civic Art" trägt. Gerade der Reichtum,
aber auch die Offenheit dieses Thesaurus scheinen eine fruchtbare
Grundlage für neue, zeitgenössische Handbücher zu bieten: so wie
jenes, für das dieser Text geschrieben wurde.

In diesen Handbüchern wird die Straße jene zentrale Rolle wieder-
finden, die sie in der Stadt immer gehabt hat und welche ihr die
Stadtplanung der zweiten Hälfte des 20. Jahrhunderts zu Unrecht
versagt hat. Und diese zentrale Rolle wird gestützt sein auf jenes
gründliche Studium der Vergangenheit und auf jene sorgfältige
Systematisierung der entwickelten Typen, die unnötige Fehlplanun-
gen vermeiden helfen und ohne die keine kreative Fortentwicklung
der Disziplin Städtebau möglich ist.

ANMERKUNGEN
[1] Walter Benjamin, Die Wiederkehr des Flaneurs (1929), in: Ders.,
    Gesammelte Schriften, GS III, Frankfurt am Main 1991, S. 196.

BILDNACHWEIS
Abb. 1 ETH-Bibliothek Zürich, Bildarchiv
Abb. 2 Giovanni Fanelli, Firenze. La città nella storia d'Italia,
        Rom 1980, S. 135
Abb. 3 Giovanni Battista Nolli, Nuova Pianta di Roma (1748),
        hg. von Stefano Borsi, Rom 1994
Abb. 4 Pierre-André Lablaude, Die Gärten von Versailles,
        Worms am Rhein 1995, S. 37
Abb. 5 Jean des Cars und Pierre Pinon, Paris – Haussmann.
        „Le Pari d'Haussmann", Paris 1991, S. 63
Abb. 6 Adolphe Alphand, Les Promenades de Paris, Bd. 2,
        Paris 1867–1873
Abb. 7 Russell Ferguson, Am Ende des Jahrhunderts.
        100 Jahre gebaute Visionen, Ostfildern-Ruit 1999, S. 237
Abb. 8 Vittorio Magnago Lampugnani und Romana Schneider,
        Ein Stück Großstadt als Experiment. Planungen am Potsdamer
        Platz in Berlin, Stuttgart 1994, S. 65

BEISPIELE VON STRASSEN-RÄUMEN ALS ANLEITUNG ZUM ENTWURF

Mit dem öffentlichen Wege- und Straßennetz werden alle Liegenschaften der Stadt untereinander verbunden. Damit ist die Straße ein öffentlicher Verkehrsweg, der von jedermann zu nutzen ist. Sie ist aber nicht nur ein Verkehrsweg, sondern auch ein öffentlicher Aufenthaltsraum, den es zu ordnen und zu gestalten gilt. Die Ordnung wird im städtebaulichen Entwurf mit unterschiedlichen Längen, Breiten und den Haushöhen definiert. Die Gestaltung erfolgt unter anderem über das Material der Straße, die Pflanzung von Bäumen, das Aufstellen von Laternen, vor allem aber über die Straßenfassaden der den Straßenraum einfassenden Häuser. Den Verkehrsweg Straße als Raum zu verstehen, ist Ziel der im Folgenden aufgeführten Beispiele. Sie dienen als Vorbilder und als

Anleitung zum Entwurf. Der Vergleich der Beispiele verdeutlicht nicht nur die unterschiedlichen Breiten und den damit verbundenen Charakter von der Gasse bis zum Boulevard, sondern vermittelt auch das Gefühl für die zum Teil erheblichen Längen, mit denen die Straßen der europäischen Stadt angelegt sind, ohne dass dabei auf Abwechslungsreichtum im städtischen Raum verzichtet werden müsste. In den ersten vier Entwurfskategorien wird auf die Besonderheiten in der stadträumlichen Gestalt der Straße eingegangen, die dem heutigen Städtebau weitgehend verloren gegangen sind: die **Allee** im Straßenraum, die **Zielgebäude** im Straßenraum, die **Biegung** im Straßenraum und die **Arkaden** im Straßenraum. Die sich anschließenden zwölf Beispiele von **Wohnstraßen** sind nach Größen geordnet und werden durch eine genauere Beschreibung und die Bebilderung in den einzelnen Kapiteln ergänzt.

Lageplan M 1: 2.500

FRANKFURT AM MAIN Ruppertshainer Straße **Siehe auch Seite 64**
25 Meter Breite

HAMBURG Palmaille
37 Meter Breite

74

12

DIE ALLEE
IM STRASSENRAUM

Eine der schönsten Bereicherungen des städtischen Straßenraums ist der groß gewachsene Baum. Mit seiner Laubkrone lassen sich räumliche Mitten bilden und charaktervolle Akzente setzen. In der Reihung als Alleebaum sorgt er vor allem in Straßen mit zu individualistischen Straßenfassaden für ordnende Einheitlichkeit. Die Laubkronen aber produzieren täglich große Mengen an Sauerstoff und binden den Feinstaub, so dass der Baum über seinen raumordnenden Charakter hinaus eine wertvolle ökologische Funktion in der Stadt innehat. Die vier hier aufgeführten Beispiele sind von unterschiedlichem Charakter und reichen von der Allee im Siedlungsbau über die Allee der einfachen Stadtstraße bis zur Allee als Stadtpark im Wohnviertel und einem städtischen Landschaftspark. Frankfurt Ruppertshainer Straße Die Alleebäume stehen straßenbegleitend auf der Grenze zwischen öffentlichem Raum und Vorgärten in Vierergruppen in einem von einfachen Siedlungshäusern gebildeten Straßenraum, deren Grundstückseingänge sie markieren. Hamburg Palmaille Die Allee hat eine Länge von über 600 Metern und verläuft mit einer Breite von 16 Metern mittig im Straßenraum. Ihre Ordnung unterstreicht den repräsentativen Charakter der die Grünzone begleitenden Stadtvillen. Wiesbaden Adolfsallee Eine sehr viel größere Aufenthaltsqualität besitzt die 22 Meter breite Mittelzone der vierreihigen Adolfsallee. Zwischen Wohnhäusern mit großzügigen Vorgärten entwickelt sich diese Allee zu einer Art Pocket-Park. Düsseldorf Königsallee In einer Breite von 87 Metern begleitet den Straßenraum eine vierreihige Allee, die sich mit dem Wasser des Stadtgrabens zu einem Landschaftsraum entwickelt.

Lageplan M 1: 2.500

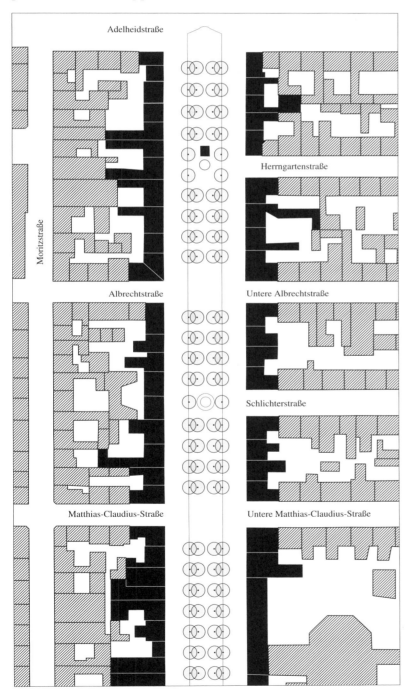

WIESBADEN Adolfsallee   108
54 Meter Breite

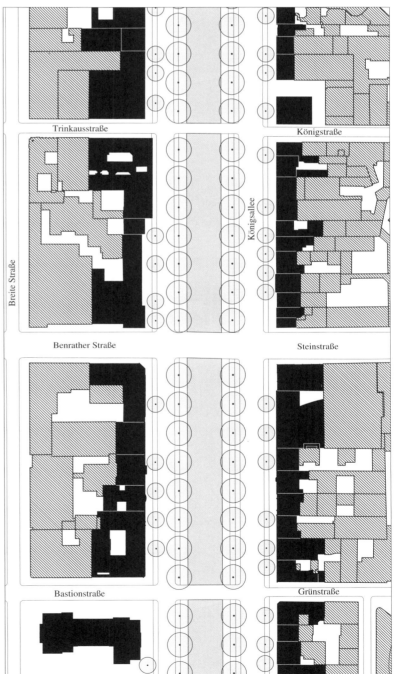

DÜSSELDORF Königsallee   56
87 Meter Breite

DAS ZIELGEBÄUDE IM STRASSENRAUM

Zielgebäude finden sich in den verschiedensten Epochen der europäischen Baukultur. Sie dienen der Repräsentation, aber auch der Wegeführung durch die Straßen der Stadt und sind in beiden Funktionen wichtige Entwurfselemente des Städtebaus. Als ein kleines, fast zufälliges Beispiel für ein Zielgebäude soll der Eckerker im Freiburger Kaufhausgässle benannt werden. Am Ende der nicht einmal zwei Meter breiten Gasse schließt dieser den Straßenraum optisch ab und bildet den Übergang zum Münsterplatz. Dieses einfache Beispiel wie auch die folgenden Beispiele verdeutlichen, welcher Spannungsreichtum im Städtebau entwickelt werden kann, wenn der Planung eines Neubauviertels der architektonische Entwurf von Stadträumen zugrunde gelegt wird.

Schnitt M 1:500

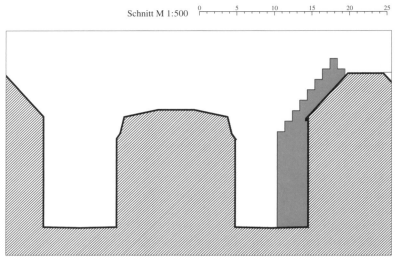

REGENSBURG Ludwigstraße (1)

Lageplan M 1: 2500

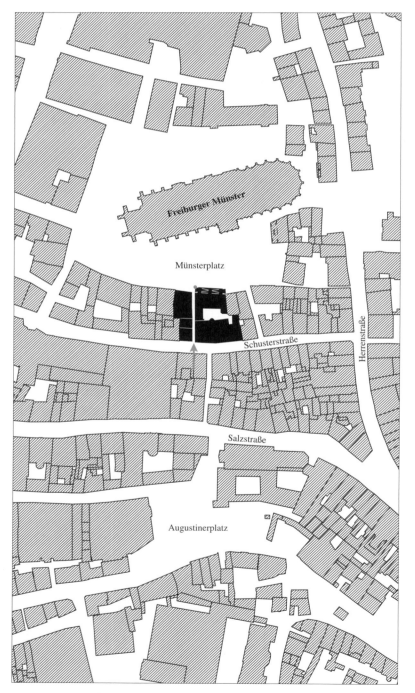

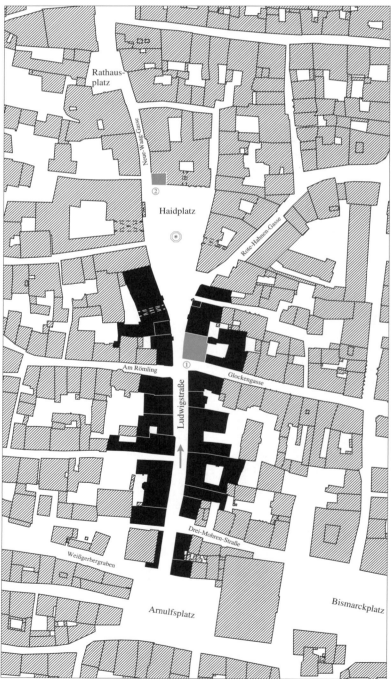

Bei Zielgebäuden kann es sich auch, wie im Beispiel Regensburg Ludwigstraße, um Bauten handeln, die sich am Ende einer Straße mit ihrem Giebel in den Straßenraum hineinschieben (1) und diesen damit verengen, um den dahinterliegenden Platz anzukündigen. Oder es sind nur Gebäudeteile, die sich vermeintlich willkürlich an einem Bauwerk befinden. So weist der Eckturm des den Haidplatz abschließenden Bauwerks „Neue Waag" (2) in seiner Dominanz auf die Richtung des Hauptwegs zum Rathaus der Stadt und zum Dom hin. Im Beispiel Frankfurt Braubachstraße findet sich als Zielgebäude der zu Beginn des 20. Jahrhunderts errichtete Rathausturm (1). In der leicht gebogenen Straße tritt zunächst ein kleiner Treppenturm vor einer die Straße überspannenden Rathausbrücke (2) sowie dann, in der Fortbewegung, der Rathausturm in Erscheinung. Die Städtebauer stellten Letzteren nicht an, sondern hinter das Rathaus Frankfurts, so dass er damit über alle Dächer hinweg noch heute für den Bahnreisenden schon vom Hauptbahnhof aus als das repräsentative Zentrum der Stadt zu sehen ist. Für den Entwurf eines Straßenraums innerhalb eines neuen Quartiers

kann es identitätsprägend sein, wenn die Straße auf einen schon vorhandenen Turm der Stadt ausgerichtet ist. Zielgebäude als Repräsentationsgebäude stehen, wie im Beispiel Karlsruhe Stephanienstraße zu sehen, oft am Ende eines schnurgeraden Straßenraums und schließen diesen optisch ab. Diese repräsentativen Zielgebäude sind der Öffentlichkeit prinzipiell zugänglich. Im heutigen Entwurfsprozess handelt es sich bei diesen öffentlichen Bauwerken um Kindergärten, Schulen, aber auch um Stadtteilhäuser und Kirchen, Stationsgebäude der S- und U-Bahn, Busbahnhöfe, Gerichts- oder Verwaltungsbauten der Stadt.

Lageplan M 1: 2.500

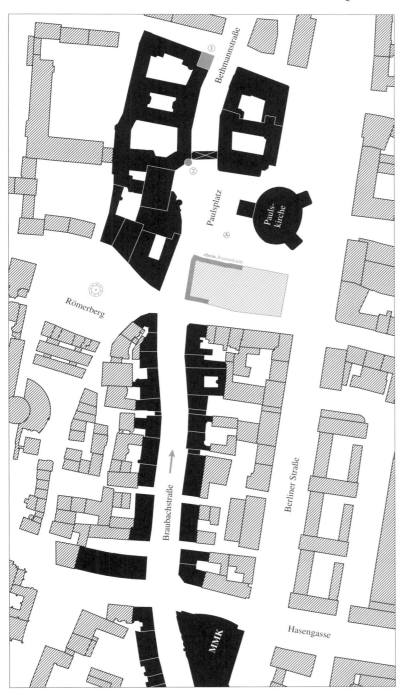

FRANKFURT AM MAIN Braubachstraße 60
18 Meter Breite

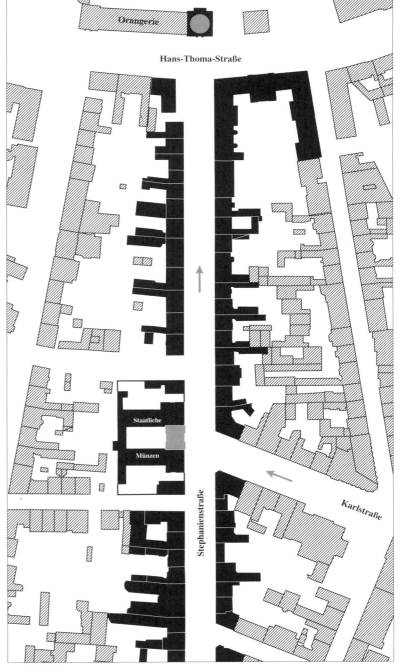

KARLSRUHE Stephanienstraße 80
20 Meter Breite

DIE BIEGUNG IM STRASSENRAUM

Eine dem Städtebau völlig verloren gegangene Qualität stellt die Möglichkeit eines gekrümmten Straßenraums für den städtebaulichen Entwurf dar. Zu den wichtigsten Funktionen der Krümmung gehört, dass sie den Raum schließt und ihn damit für das Auge in kleine, überschaubare Einheiten verkürzt. So werden auch kilometerlange Straßen nicht als unangenehm endlos empfunden. Die zweite Charaktereigenschaft des gekrümmten Straßenraums ist, dass sich dem Betrachter die Straßenfassaden der Häuser in unterschiedlichen Abfolgen zuwenden und damit sehr viel stärker ins Blickfeld rücken. Einen der schönsten gebogenen Straßenräume stellt die Große Ulrichstraße in Halle dar. Mit einer Länge von fast einem halben Kilometer weist sie drei Biegungen auf und vermittelt dem Betrachter unterschiedlichste charaktervolle Stadträume.

In allen Kurven, die durch die Schienen der Straßenbahnen und die gebogenen Bordsteine der Gehsteige zusätzlich hervorgehoben werden, läuft die Straße auf Fassaden zu, die damit im Raum besonders präsent werden und aus denen heraus die Wohnungen die unterschiedlichsten Ausblicke erhalten. Die Segringer Straße in Dinkelsbühl hat eine Länge von fast einem Kilometer. Wie der Frankfurter Römerstadt weist auch diese Straße eine große Kurve auf. Im Unterschied zu Frankfurt wird in Dinkelsbühl aber die Mitte dieser langen Straße verdeutlicht. Ein in den Scheitelpunkt der Biegung gesetztes, die Dächer der straßenbegleitenden Häuser überragendes Bauwerk, hier der Kirchturm der Stadt, markiert, von den beiden Enden der Straße kommend, deren öffentliches Zentrum.

Lageplan M 1: 2.500

HALLE (SAALE) Große Ulrichstraße   68
11 Meter Breite

DINKELSBÜHL Segringer Straße   50
12 Meter Breite

Stralsund Fährstraße Als ein besonderes Beispiel für Biegungen im Straßenraum ist die Fährstraße in Stralsund hervorzuheben. Der gekurvte Raum enthält Straßengabelungen, deren Kopfbauten die städtische Straße räumlich zu beenden scheinen. Die damit einhergehende optische Verkürzung entsteht durch eine Zentrierung des Straßenraums der Fährstraße, die mehr als die doppelte Länge aufweist. Dieses Beispiel eines gebogenen Straßenverlaufs, der mit dem Einsatz von Kopfbauten zu Straßengabelungen führt, stellt eine weitere Möglichkeit dar, mit einfachen Mitteln stadträumlich spannende Straßenräume zu gestalten. Die Straße An der Ringmauer in Frankfurt am Main in der Römerstadt ist ebenfalls einen halben Kilometer lang und zeigt, dass Städtebauer wie hier Ernst May oder auch Bruno Taut in der Berliner Hufeisensiedlung die Biegung des Straßenverlaufs zur optischen Verkürzung des überaus langen Straßenraums in der seriellen Bauweise des Siedlungsbaus der 1920er Jahre einsetzten. Die lang gezogene, nur in eine Richtung gekurvte Straße wird alle 100 Meter durch kleine Plätze unterbrochen; diese sind durch rote Eckhäuser, die die

zweigeschossigen Siedlungzeilen um ein Geschoss überragen, gekennzeichnet. Ganz wesentlich für alle Straßenräume ist, dass die Häuser auf Parzellenbreiten von nur 10 bis 15 Meter stehen, damit sich über die Individualität der einzelnen Fassaden Vielfalt und optische Lebendigkeit entwickeln können.

Lageplan M 1: 2.500

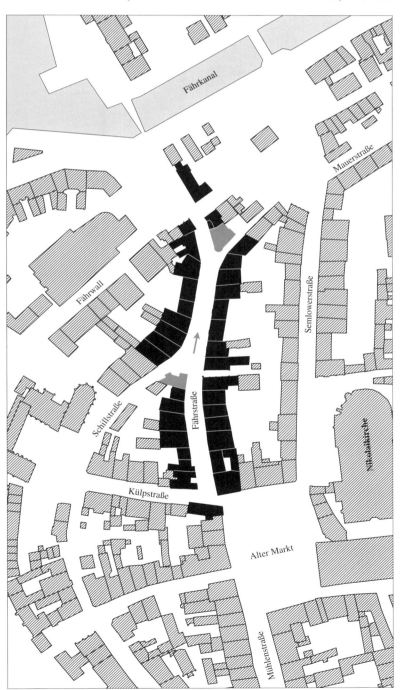

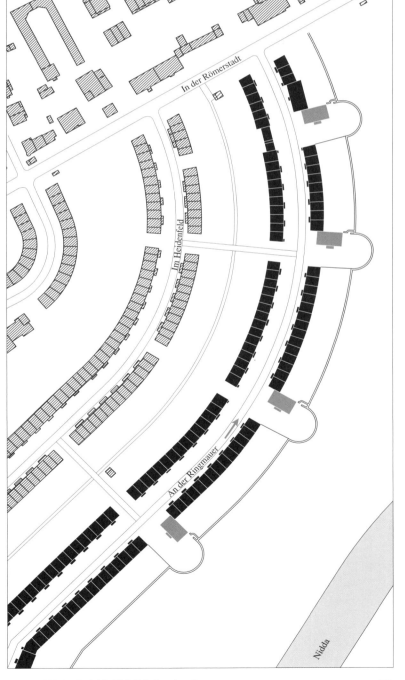

STRALSUND Fährstraße   106
12 Meter Breite

FRANKFURT AM MAIN An der Ringmauer   58
17 Meter Breite

17

DIE ARKADE IM STRASSENRAUM

Straßenbegleitende Arkaden versinnbildlichen den öffentlichen Charakter eines Straßenraums. Als architektonisch gestalteter Raum des Hauses, der sich zur Straße öffnet und der Allgemeinheit zur Verfügung steht, bilden sie eine Art Übergangszone zwischen dem privaten Inneren des Hauses und der Straße. In seiner Entstehungszeit diente der Arkadenraum dem Handel vor allem als Verkaufsraum, während er heute einen idealen Witterungsschutz im öffentlichen Raum darstellt, in heißen Sommern Schattenzonen bietet, in denen die Gastronomie ihre Tische aufstellt, oder einfach nur zum Flanieren einlädt. Die Arkadenhäuser in der Maximilianstraße in Lindau sind eine städtebauliche Besonderheit. Das Beispiel zeigt, wie Straßenecken im städtebaulichen Entwurf hervorgehoben werden können, wenn die Eckbebauung an einer Kreuzung in den Straßenraum hineingeschoben wird. Die Straßeneinführung ist durch die Überbauung des Gehsteigs mit einer Arkade markiert, ohne dass dabei die Wegeführung des Gehsteigs unterbrochen wird. Wie stark eine Arkade als eigener Raum verstanden werden muss, kann vor allem am Beispiel der Colonnaden in Hamburg abgelesen werden. Der 150 Meter lange Raum ist in seinem Inneren architektonisch rhythmisiert und nimmt so dem Betrachter das Gefühl, eine endlose Wegstrecke zurücklegen zu müssen. Die Rhythmisierung erfolgt durch die Ausbildung von Deckenbögen und abgehängte Laternen, vor allem aber durch die Vielfalt der vor- und zurückspringenden inneren Arkadenfassade. Im Straßenraum präsentieren sich die Häuser großstädtisch, auch wenn die Zuschnitte der Parzellen dem nicht entsprechen können. Ihre verwinkelte Form ist der Tatsache geschuldet, dass es sich bei den Colonnaden um einen Straßendurchbruch handelt.

Lageplan M 1: 2.500

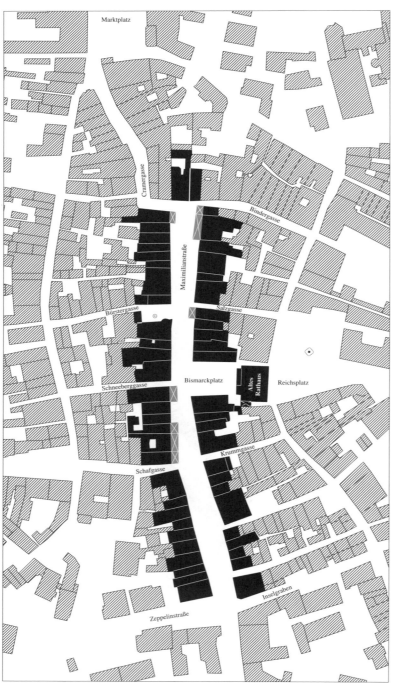

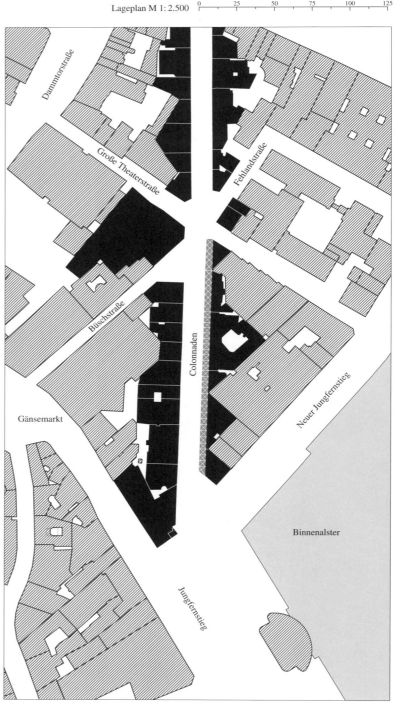

LINDAU Maximilianstraße
13 Meter Breite

88

HAMBURG Colonnaden
14 Meter Breite

70

STRASSENRÄUME

Das Beispiel Berlin Friedrichstraße greift diese Rhythmisierung im Inneren der Arkade ähnlich den Hamburger Colonnaden in moderner Form auf. Der Raum begleitet die Straße nicht nur beiderseits, sondern ist in der schmalen Friedrichstraße für den Fußgänger der einzige Verkehrsweg. Die Friedrichstraße stellt somit ein Beispiel für den Entwurf von schmalen Verkehrsstraßen mit dem Angebot eines angenehm großzügigen, über fünf Meter breiten Aufenthaltsbereichs für Fußgänger dar. Anders als die beiden großstädtischen Arkadenräume zeigt das Beispiel Münster Prinzipalmarkt eine Straße, die von sieben Meter breiten Häusern eines immer gleichen Typus begleitet wird. Es sind dreigeschossige Giebelhäuser, deren Erdgeschoss einen Arkadenraum aufweist. Die Hausbreiten entsprechen denen von Reihenhäusern unserer Zeit. Dieser Haustypus erhält durch die Reihung der Fassadengiebel sowie durch seine Höhe und die Arkade anders als das heutige Reihenhaus ein städtisches Aussehen und verleiht der Straße damit ihren einzigartigen Charakter, der sie zu einer der schönsten Straßen Deutschlands macht. Der Unterschied zwischen den historischen Beispielen und dem neuen Beispiel eines Arkadenraums an der Friedrichstraße liegt nicht so sehr in den der jeweiligen Entstehungszeit geschuldeten Stilmitteln, sondern vielmehr in der Verschiedenheit des Umgangs mit dem architektonischen Raum. Schon die Größe eines Gebäudes unserer Zeit verlangt nach einem besonderen architektonischen Detaillierungsgrad der einzelnen Arkadenelemente, um dem Raum in sich eine gewisse Geschlossenheit geben zu können. Ausschlaggebend für das Raumempfinden dieses die Straße begleitenden städtebaulichen Elements sind die Abstände der Pfeiler untereinander und zur Innenfassade, die Höhe des Raums, der vom Einsatz der Decken- und Bodenfelder bestimmte Rhythmus seiner Teilungen bis hin zur Bestimmung des Materials und der Farben (siehe Platzräume Seite 150).

Lageplan M 1: 2.500

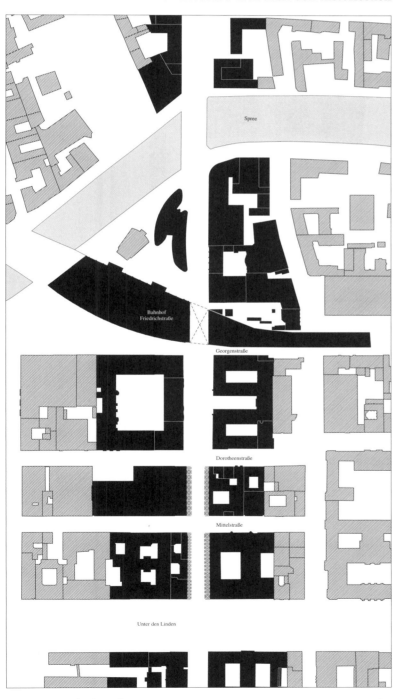

BERLIN Friedrichstraße   38
15 Meter Breite

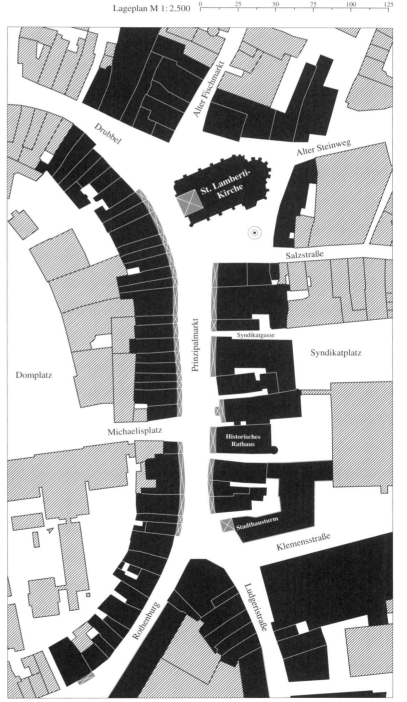

MÜNSTER Prinzipalmarkt   96
20 Meter Breite

19

ANMUTUNG UND BREITE STÄDTISCHER WOHNSTRASSEN

Bei fast allen der im Folgenden aufgeführten Beispiele handelt es sich um städtische Wohnstraßen, in denen besonders gern gelebt – und in den meisten Fällen auch gearbeitet – wird. Es sind Straßenräume, die unterschiedlicher kaum sein könnten, und doch sind sie alle von charaktervoller städtischer Schönheit. Die beiden großen Repräsentationsachsen Ludwigstraße in München und Unter den Linden in Berlin sind an dieser Stelle aufgeführt, um unterschiedliche **Straßenbreiten von der Gasse bis zum Boulevard** im Vergleich dokumentieren zu können. Die sich anschließenden Schnitte, in die auch die den Straßenraum einfassenden Straßenfassaden und deren Höhen eingezeichnet sind, ergänzen diesen Vergleich, vermitteln Raumproportionen unterschiedlichster Art und können so als Beispiele für den Entwurf von Stadtstraßen hilfreich sein.

Bremen Schnoor Das Beispiel zeigt, dass vier Meter breite Gassen, deren Hausfassaden unterschiedliche Höhen aufweisen und deren Belichtung durch die Einschnitte der Giebelfelder gegeben ist, auch heute als Wohnstraßen angelegt werden können. Wichtig für den Entwurf einer solchen Gasse ist es, darauf zu achten, dass die Raumhöhen im Inneren der Häuser wenigstens eine Lichte von 3,50 Meter haben, damit sich in den Wohnungen auch an regnerischen Tagen ein angenehmes Raumgefühl entwickeln kann. Die leichte Biegung der Gasse lässt die Straßenfassaden in den Raum hineinwirken. Die drei Meter breitere **Große Mantelgasse in Heidelberg** weist schon sehr viel großstädtischere Häuser mit drei Geschossen auf. Bei sieben Meter Breite ist sogar Platz für den Individualverkehr vorhanden. In beiden Gassen ist der Straßenraum nicht viel länger als 100 Meter; an ihren Enden weitet er sich zu kleinen Platzräumen auf, die die Enge wohltuend auflösen. Der kleine Dachreiter (1) im Hintergrund der Großen Mantelgasse

Lageplan M 1: 2.500   0 25 50 75 100 125

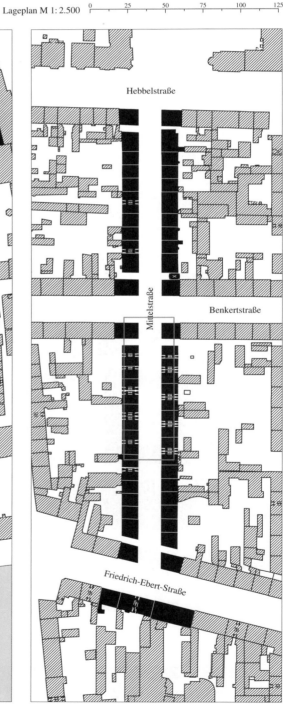

BREMEN Schnoor   46
4 Meter Breite

HEIDELBERG Große Mantelgasse   78
7 Meter Breite

POTSDAM Mittelstraße   100
15 Meter Breite

STRASSENRÄUME

weist auf den großen Universitätsplatz Heidelbergs hin. **Potsdam Mittelstraße** Die 15 Meter breite Straße hat durch die Verwendung des immer gleichen Haustyps aus rotem Ziegelstein auf einer Länge von 300 Metern den Charakter einer Siedlung. Trotzdem zeugen die zweigeschossigen giebelständigen Häuser mit ihren Hofdurchgängen von einer großen Individualität, die dem Siedlungsbau unserer Tage als Vorbild dienen kann. Die nur einen Meter breitere **Krämerstraße in Wismar** entspricht dem architektonisch städtebaulichen Straßentypus der Mittelstraße in Potsdam. Auch hier ist der Straßenraum durch giebelständige Häuser charakterisiert. Die auffallend unterschiedlichen Ausbildungen der Straßenfassaden der typisierten Häuser verleihen dem Straßenraum ein individuelles Aussehen und machen ihn zum Vorbild für die Erneuerung städtbaulicher Straßenplanung. Der über 200 Meter entfernt stehende Turm von St. Nikolai im Hintergrund der abschüssigen Straße weist auf einen weiteren zentralen Ort der Stadt. Großstädtisch ist das Bild der **Funkenburgstraße in Leipzig**, die 17 Meter breit und über 400 Meter lang ist. Die Straße wird durch

einen einheitlichen, in einer Art Gestaltungssatzung festgelegten Haustypus charakterisiert und bildet damit eine städtebauliche Einheit. Trotz dieser Regelung besitzen alle Häuser ihre eigene Individualität im Straßenbild. Die **Donaustraße in Bremen** hat eine Breite von 19 Metern und lebt bei der vermeintlich viel zu großen Länge von fast 200 Metern von der Architektur der Straßenfassaden der schmalen Reihenhäuser. Die geschlossene Reihenhausbebauung Bremens stellt eines der schönsten Wohnbaugebiete Deutschlands dar und ist damit eines der besten Vorbilder für den Entwurf von Wohnstraßen (Hofräume).

Lageplan M 1: 2.500   0   25   50   75   100   125

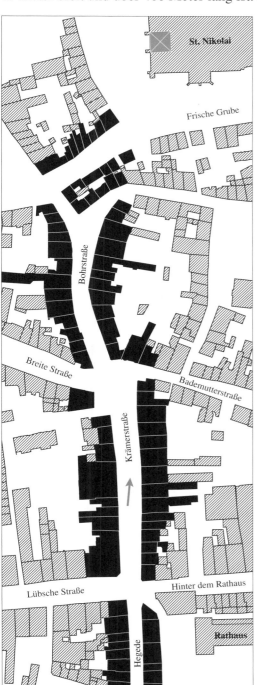

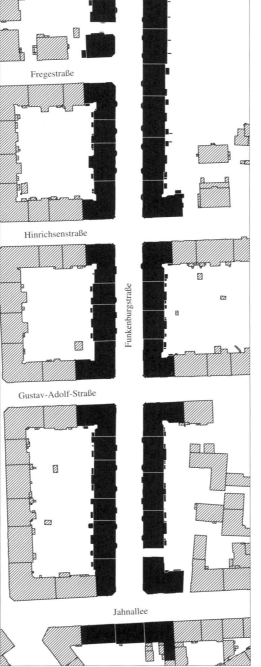

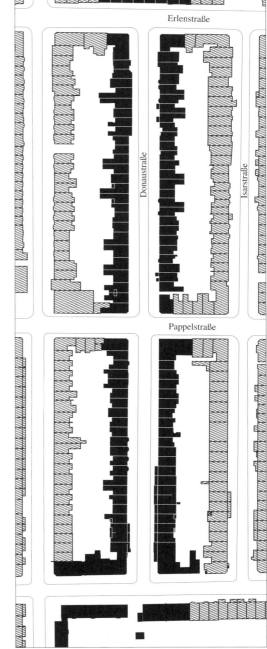

WISMAR Krämerstraße   **110**
16 Meter Breite

LEIPZIG Funkenburgstraße   **86**
17 Meter Breite

BREMEN Donaustraße   **HOFRÄUME**
19 Meter Breite

EINFÜHRUNG

Dresden Tzschimmerstraße Eine Straße, die in offener Bauweise geplant ist, muss die frei stehenden Häuser in einer Flucht ausrichten, wenn sie als Straßenraum erfahrbar werden soll. Die Bebauung in Striesen ist hierfür ein anschauliches Beispiel. Nicht nur die Ausrichtung der Mietshäuser an der Straße, sondern vor allem die schon im Schwarzplan erkennbaren Eckhäuser zeigen den Willen, die Straße als wahrnehmbaren Straßenraum zu entwickeln. Diese Besonderheiten und die im Bebauungsplan über eine Gestaltungssatzung festzulegende Ordnung einer unterschiedlichen Gestaltung der Straßenfassaden machen die Bebauung zum Vorbild offener Bauweise im Geschosswohnungsbau. Mit zwei Torgebäuden an beiden Enden der fast 300 Meter langen Straße, gegliederten Hausfassaden, Erkern und Eckhäusern am Straßenkreuz entwickelt die **Althoffstraße in Dortmund** einen individuell eigenständigen, vor allem aber städtischen Charakter. Dieser städtische Charakter der einheitlich geplanten Straße ist damit ein besonderes Beispiel für den Entwurf von Wohnstraßen, wie sie im geförderten Wohnungsbau städtischer Wohnungsbaugesellschaften realisiert werden können. Eine ähnliche Raumschließung erfährt die repräsentative, von Baumreihen gesäumte **Königstraße in Dresden** durch ein Zielgebäude, das in der Achse des Straßenraums steht und diesen optisch abschließt. Dabei befindet sich das Bauwerk 150 Meter hinter dem Ende der Straße. Im städtebaulichen Entwurf eines Quartiers könnte dieses Gebäude beispielsweise ein öffentlicher Schulbau sein, der als Solitär frei auf einem eigenen Grundstück steht, auf die Straße ausgerichtet ist und sich im Grundriss ohne Einschränkung frei entfalten kann.

Lageplan M 1: 2.500

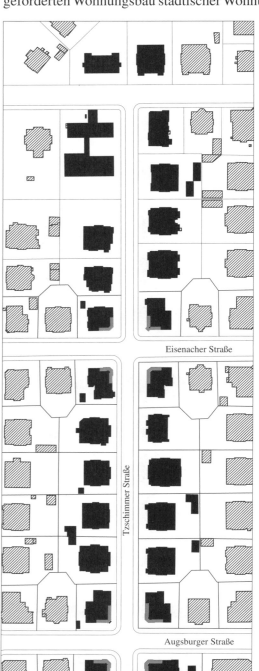

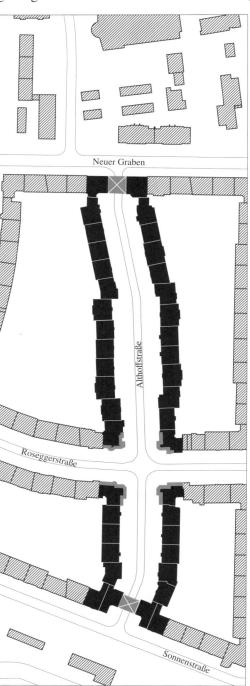

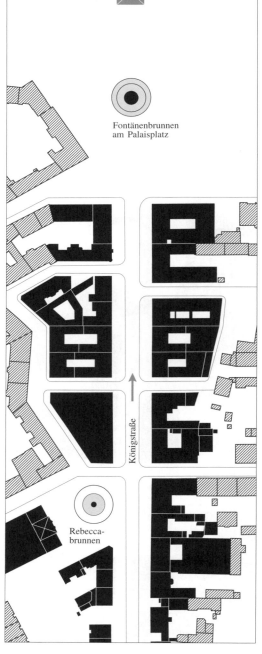

STRASSENRÄUME

DRESDEN Striesen
23 Meter Breite

HOFRÄUME

DORTMUND Althoffstraße
24 Meter Breite

52

DRESDEN Königstraße
26 Meter Breite

54

22

Landshut Altstadt Mit 27 Meter Breite und 700 Meter Länge bildet die Straße ein Zentrum im städtischen Raum, das mit seinen öffentlichen Gebäuden Vorbild für einen neuen Stadtteil am Rande der Stadt sein kann. Wichtig ist es bei einer solchen Anlage, die rückseitigen Hofräume als Garten-, aber auch als Gewerbehöfe auszubilden, um eine Mischnutzung des Stadtteils entwickeln zu können. Die Ludwigstraße in München zeigt, dass große überörtliche Straßen nicht als Verkehrsstrassen ausgebaut sein müssen, sondern in städtebaulicher Ordnung von Haus und Straße als Stadtstraßen zu Straßenräumen entwickelt werden können, denen eine gewisse Aufenthaltsqualität innewohnt, wenn auch die Straßenfassaden der sie einfassenden Gebäude über eine Gestaltungssatzung eine Ensemblebildung bewirken. **Berlin Unter den Linden** Der Boulevard hat eine Breite von mehr als 60 Metern, kann durch die mittig angelegte Allee Repräsentationsfunktionen übernehmen und ist mit seinen sechs Spuren, die in zwei mal drei Spuren geteilt sind, eine wichtige Erschließungsstraße. Zugleich lädt er durch die breit angelegte Kiesfläche mit Bäumen und Bänken zum Flanieren

und Verweilen ein. Darüber hinaus hat der Boulevard die Funktion einer Luftschneise im städtischen Raum und kann damit als ein zentrales Element für den städtebaulichen Entwurf eines Stadtquartiers verstanden werden, wenn die Großbauten eine Mischnutzung aufweisen. Mit Gewerbe- und Wohnhöfen auf der rückwärtigen Seite der Gebäude ist der Boulevard als Straßentyp geeignet, die Zentralfunktion eines neuen Stadtquartiers zu übernehmen.

Lageplan M 1 : 2.500

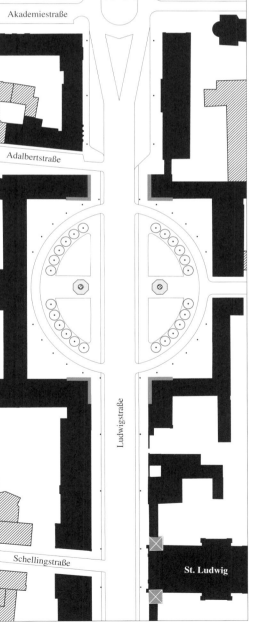

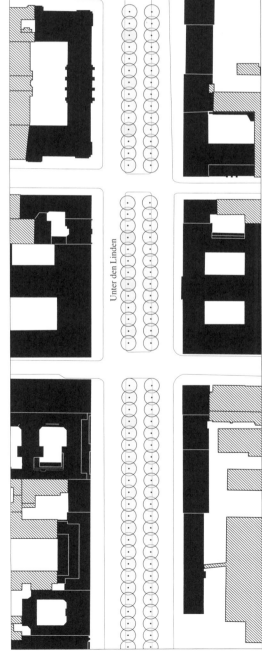

LANDSHUT Altstadt   **84**
27 Meter Breite

MÜNCHEN Ludwigstraße   **94**
38 Meter Breite

BERLIN Unter den Linden   **44**
61 Meter Breite

23

STRASSENRÄUME IM VERGLEICH

Der folgende Vergleich von Straßenschnitten ist nach Größen von der Gasse zum Boulevard geordnet, um die Unterschiedlichkeit von Raumproportionen städtischer Straßen zu dokumentieren. Der öffentliche Raum der Straße muss im Städtebau als städtischer Lebensraum gedacht und entworfen werden. Als solcher ist er in seinen Proportionen wie der Wohnraum im Inneren eines Hauses zu planen. Wenn man versteht, dass die Außenwände der Innenräume die Innenwände der Außenräume sind, wird die Bedeutung von Proportion und Gestalt dieser Wände für die städtebaulich-architektonische Herangehensweise bei der Entwicklung einer Straße im Quartier offenbar.

Deshalb ist die Betrachtung der **Anzahl der Geschosse** bei der Erstellung eines Bebauungsplans ebenso wichtig wie die Festlegung der Breite der Verkehrsfläche. Erst aus der Betrachtung beider Funktionen entwickelt sich die Raumproportion, die mit einem einfachen Straßenschnitt zu ermitteln ist.

Beginnen wird man mit der **Breite der Verkehrsfläche**, um sich anschließend über die Haushöhe, ermittelt über die Anzahl der Geschosse, klar zu werden. Beide Planungsgrundlagen, die der Verkehrsfläche wie die der Anzahl der Geschosse, sind grundlegende Funktionen des Städtebaus, die untereinander in Abhängigkeit stehen, wenn man einen Straßenraum korrekt dimensionieren will. Völlig in Vergessenheit geraten ist das architektonische Element des **Traufgesimses** (Heidelberg, Große Mantelgasse). Es begrenzt die Straßenfassade des Hauses in ihrer Höhe und hat darüber hinaus die Bedeutung, dass mit ihm der Straßenraum nach oben hin abgeschlossen wird.

Auch die im heutigen Städtebau gern ausgelassene **Bordsteinkante** (Halle, Große Ulrichstraße) hat nicht nur die Funktion, den Fuß- und Radweg von der Fläche des Individualverkehrs zu trennen, sondern trägt ganz wesentlich zur Proportionierung des Straßenraums bei. Die **Einfriedung des Vorgartens** (Wiesbaden, Adolfsallee) proportioniert ebenfalls den Straßenraum. Zugleich aber wird damit auch seine Nutzung für die Wohnungen im Erdgeschoss ermöglicht. Das **Hochparterre** sollte im öffentlichen Straßenraum obligatorisch sein, um die Bewohner des Erdgeschosses vor Einblicken von der Straße aus zu schützen.

Öffentliche Gebäude sind Kollektiveigentum der Stadt und ihrer Bewohner. Sie dienen dem Gemeinwohl und sollten im Stadtraum deshalb deutlich präsent sein. Als **Zielgebäude** (Dresden, Königstraße) können sie Straßenräume mit einem in der Straßenachse befindlichen Fassadenteil, einem Giebel oder einem dominant gesetzten Hauseingang oder auch mit einer symmetrisch angelegten kompletten Straßenfassade optisch abschließen. Öffentliche Bauwerke wie Schulen, Kindergärten, Stadtteilhäuser oder Verwaltungsgebäude der Stadt sollten den Straßenraum auch in der Höhe dominieren und damit die Kommune repräsentieren.

Welche Bereicherung Straßenräume durch die Öffnung von Erdgeschossen mit einer **Arkade** entwickeln können, ist im Schnitt der Maximilianstraße in Lindau zu sehen. Vor allem das Anheben über einige wenige Stufen gibt diesem öffentlichen Raum seine Eigenständigkeit gegenüber der Verkehrsstraße. Man überblickt den Straßenraum von der Arkade aus und erhält damit für die Nutzung eine besondere Qualität (Platzräume Arkaden).

Das Beispiel der am Ende des 19. Jahrhunderts als Straßendurchbruch der Stadt entstandenen **Frankfurter Braubachstraße** verdeutlicht, welche Kraft sorgfältig entworfene Straßenräume entfalten können. Die Straße ist leicht gebogen und wird mit den Türmen des zu Beginn des 20. Jahrhunderts errichteten Neuen Rathauses als Zielgebäude abgeschlossen. Noch immer sind die kriegszerstörten Türme des Rathauses nicht wiederaufgebaut. Die Zeichnung zeigt die Situation, wie sie ursprünglich bestand. Die Gestalt der den Straßenraum einfassenden einzelnen Häuser wurde über Fassadenwettbewerbe, die zu Beginn des 20. und (nach dem Abriss des Technischen Rathauses) des 21. Jahrhunderts ausgeschrieben worden waren, ermittelt.

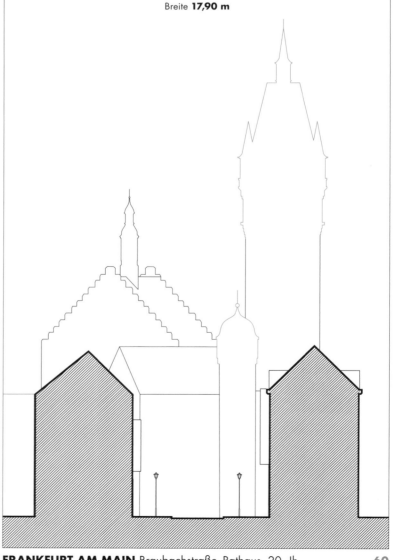

Breite **17,90 m**

FRANKFURT AM MAIN Braubachstraße, Rathaus, 20. Jh.   60

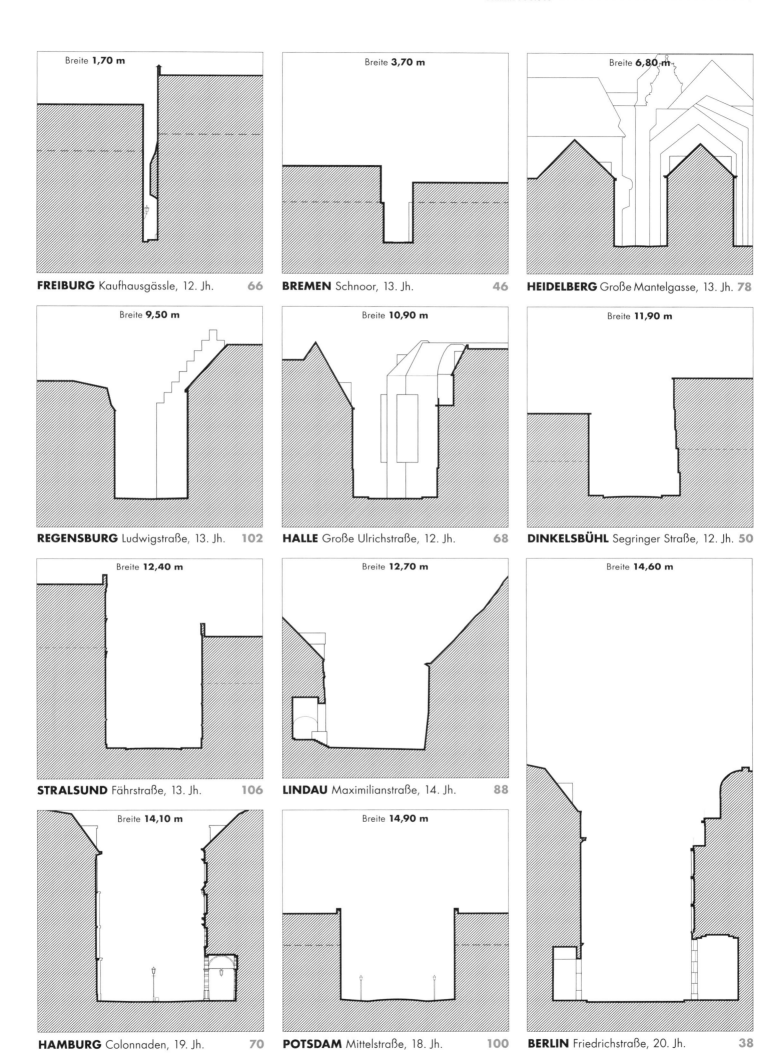

Breite **1,70 m**

FREIBURG Kaufhausgässle, 12. Jh.   **66**

Breite **3,70 m**

BREMEN Schnoor, 13. Jh.   **46**

Breite **6,80 m**

HEIDELBERG Große Mantelgasse, 13. Jh. **78**

Breite **9,50 m**

REGENSBURG Ludwigstraße, 13. Jh.   **102**

Breite **10,90 m**

HALLE Große Ulrichstraße, 12. Jh.   **68**

Breite **11,90 m**

DINKELSBÜHL Segringer Straße, 12. Jh. **50**

Breite **12,40 m**

STRALSUND Fährstraße, 13. Jh.   **106**

Breite **12,70 m**

LINDAU Maximilianstraße, 14. Jh.   **88**

Breite **14,60 m**

Breite **14,10 m**

HAMBURG Colonnaden, 19. Jh.   **70**

Breite **14,90 m**

POTSDAM Mittelstraße, 18. Jh.   **100**

BERLIN Friedrichstraße, 20. Jh.   **38**

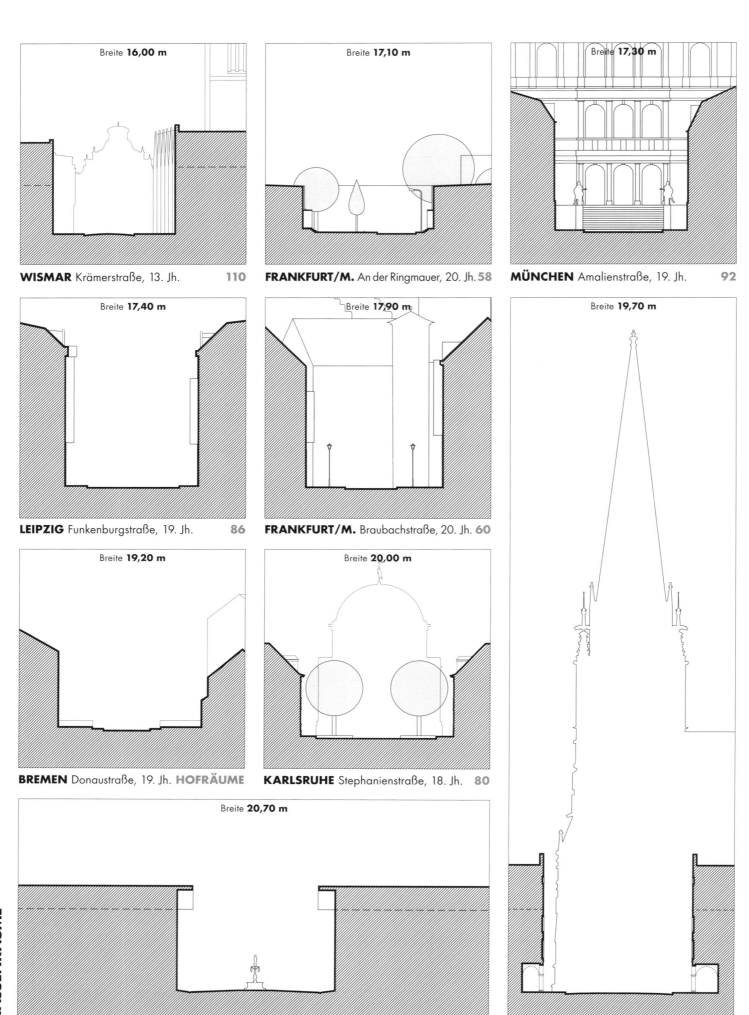

Breite **16,00 m**

WISMAR Krämerstraße, 13. Jh. **110**

Breite **17,10 m**

FRANKFURT/M. An der Ringmauer, 20. Jh. **58**

Breite **17,30 m**

MÜNCHEN Amalienstraße, 19. Jh. **92**

Breite **17,40 m**

LEIPZIG Funkenburgstraße, 19. Jh. **86**

Breite **17,90 m**

FRANKFURT/M. Braubachstraße, 20. Jh. **60**

Breite **19,70 m**

Breite **19,20 m**

BREMEN Donaustraße, 19. Jh. **HOFRÄUME**

Breite **20,00 m**

KARLSRUHE Stephanienstraße, 18. Jh. **80**

Breite **20,70 m**

BAD TÖLZ Marktstraße, 14. Jh. **34**

MÜNSTER Prinzipalmarkt, 13. Jh. **96**

Breite **20,50 m**

SPEYER Maximilianstraße, 11. Jh.   104

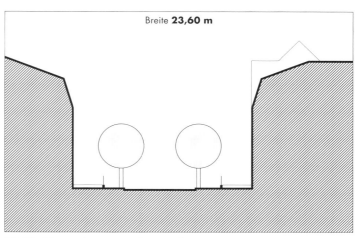

Breite **23,60 m**

DRESDEN Tzschimmerstraße, 19. Jh.

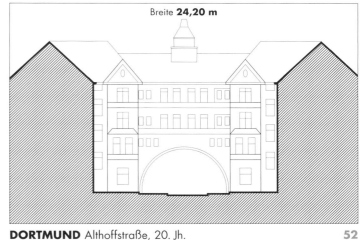

Breite **24,20 m**

DORTMUND Althoffstraße, 20. Jh.   52

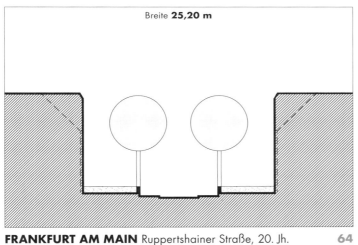

Breite **25,20 m**

FRANKFURT AM MAIN Ruppertshainer Straße, 20. Jh.   64

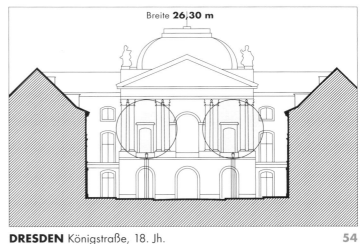

Breite **26,30 m**

DRESDEN Königstraße, 18. Jh.   54

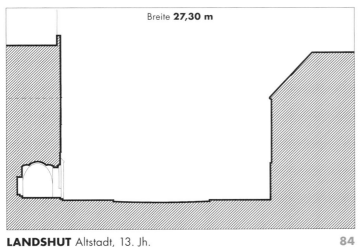

Breite **27,30 m**

LANDSHUT Altstadt, 13. Jh.   84

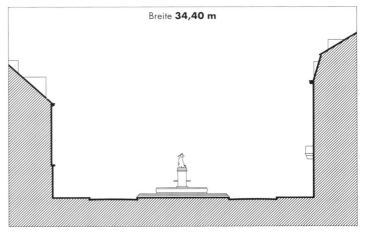

Breite **34,40 m**

AUGSBURG Maximilianstraße, 15. Jh.   30

27

STRASSENRÄUME IM VERGLEICH

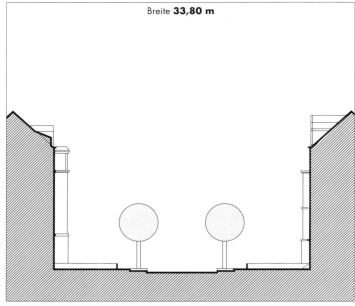

Breite **33,80 m**

CHEMNITZ Weststraße, 19. Jh.   48

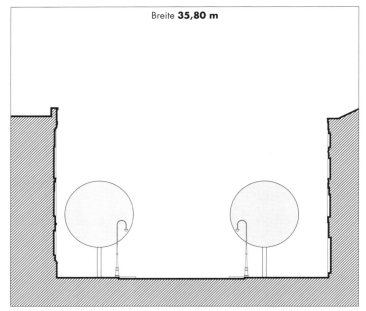

Breite **35,80 m**

KÖLN Hohenzollernring, 19. Jh.   82

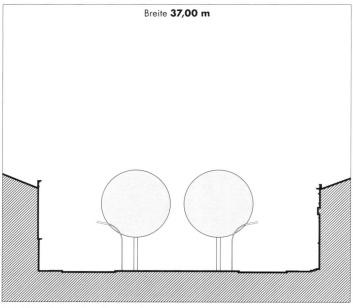

Breite **37,00 m**

HAMBURG Palmaille, 17. Jh.   74

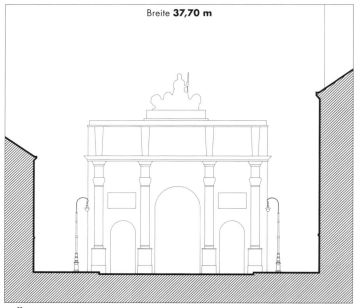

Breite **37,70 m**

MÜNCHEN Ludwigstraße, 19. Jh.   94

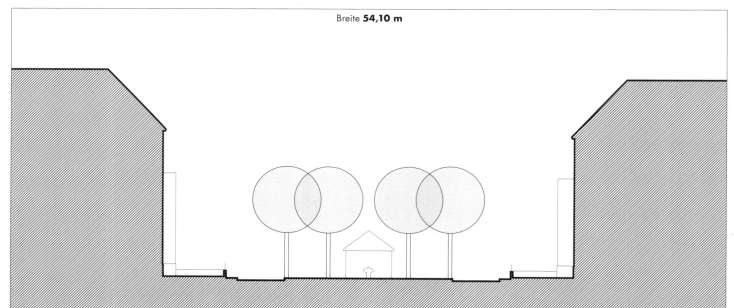

Breite **54,10 m**

WIESBADEN Adolfsallee, 19. Jh.   108

STRASSENRÄUME

Breite **61,30 m**

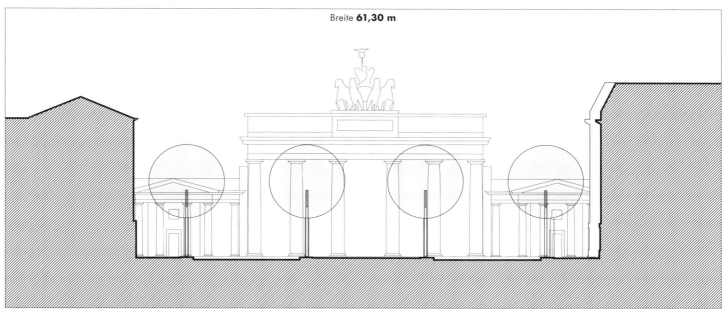

BERLIN Unter den Linden, 17. Jh   44

Breite **83,70 m**

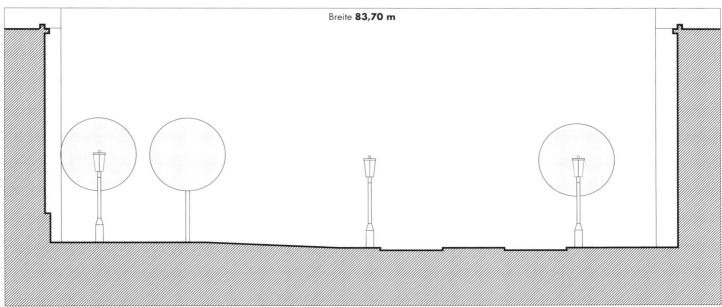

BERLIN Karl-Marx-Allee, 20. Jh.   42

Breite **87,40 m**

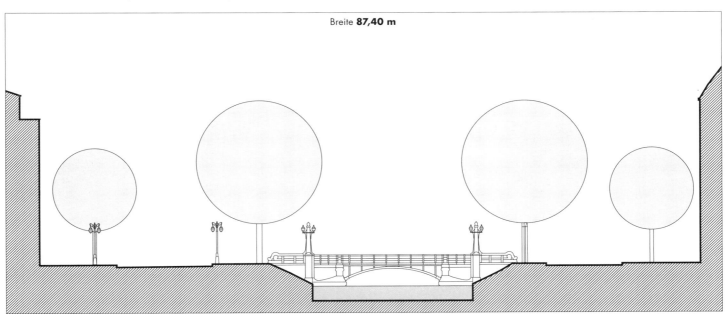

DÜSSELDORF Königsallee, 19. Jh.   56

AUGSBURG MAXIMILIANSTRASSE

Die Besonderheit der Maximilianstraße ist, dass sie in ihrem Verlauf einzelne Plätze und platzähnliche Situationen formt und dabei durch öffentliche Bauwerke und Brunnen räumlich gegliedert wird. Die Straße ist stark geschwungen, was dazu führt, dass der Betrachter beim Durchlaufen ständig neue Räume erlebt. Türme und Fassaden von Kirchenbauwerken bilden jeweils den Abschluss dieser Räume. So wird die Maximilianstraße in ihrem gekrümmten Verlauf auch durch die Türme von St. Peter am Perlach und St. Moritz sowie durch das Rathaus gegliedert. Ein weiteres Gliederungselement des über

1.000 Meter langen Straßenraums stellen die Brunnenbauwerke dar. In ihrem südlichen Abschnitt zwischen St. Moritz und St. Ulrich ist die Maximilianstraße auffallend breit. Hier wurde die Straße ursprünglich im Norden bei St. Moritz mit einem zweigeschossigen Bauwerk, dem Tanzhaus, und im Süden mit einem dreigeschossigen Bauwerk, dem Siegelhaus, optisch abgeschlossen. Diese beiden mittig auf der Maximilianstraße angeordneten Häuser formten den Raum, dessen Mitte der Herkulesbrunnen bildete. **Auffällig ist, dass in der Straße keine Bäume stehen. Auf diese Weise wird der Straßenraum ausschließlich durch die ihn einfassenden Bauwerksfassaden der giebel- und traufständigen Häuser geprägt.** Seitlich angeordnete Plätze und vorplatzartige Situationen bereichern zusätzlich den Straßenraum und erzeugen in unterschiedlichen Abschnitten differenzierte und individuelle Räume.

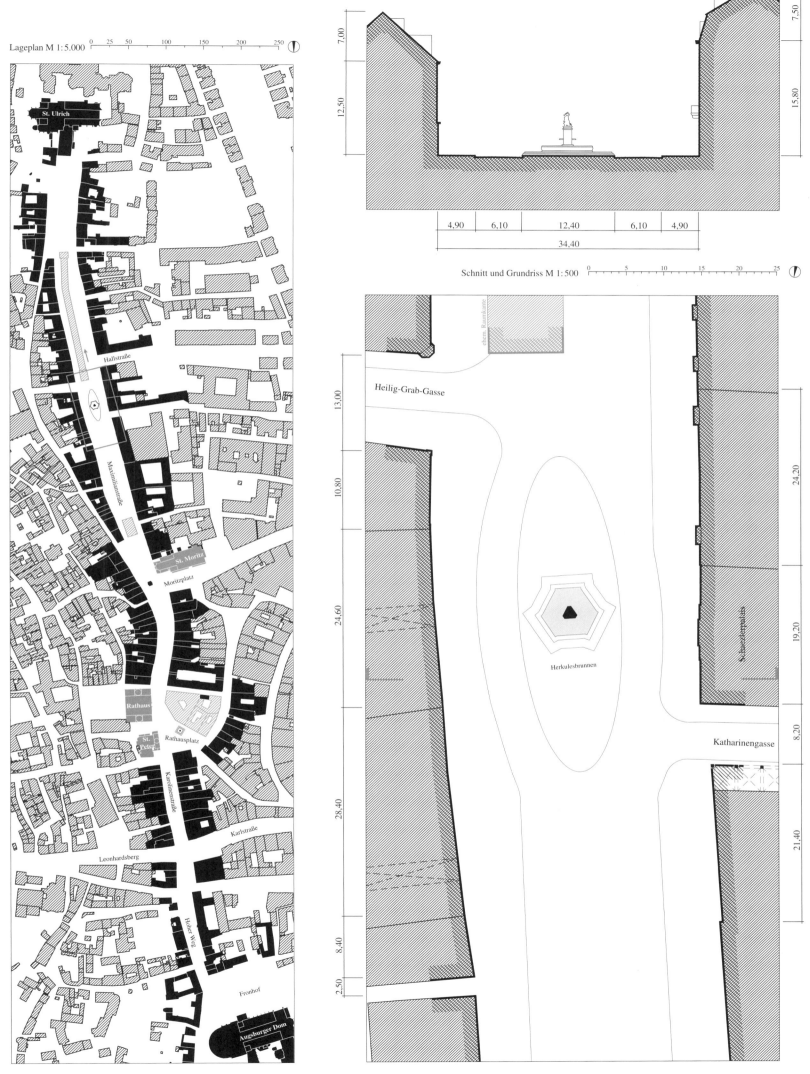

Lageplan M 1:5.000

0 25 50 100 150 200 250

St. Ulrich

Hallstraße

Maximilianstraße

St. Moritz

Moritzplatz

Rathaus

St. Peter

Rathausplatz

Karolinenstraße

Karlstraße

Leonhardsberg

Hoher Weg

Fronhof

Augsburger Dom

7,00

12,50

7,50

15,80

4,90   6,10   12,40   6,10   4,90

34,40

Schnitt und Grundriss M 1:500

0   5   10   15   20   25

ehem. Raumkante

Heilig-Grab-Gasse

13,00

10,80

24,60

28,40

8,40

2,50

Herkulesbrunnen

Schaezlerpalais

24,20

19,20

8,20

Katharinengasse

21,40

31

FUNKTIONALE MISCHUNG IN OFFENER BEBAUUNG
7 x 17 Meter

BAD AROLSEN
BAHNHOFSTRASSE

Ähnlich der Grabastraße in Kiel (Hofräume) ist die Bahnhofstraße von Einzelhäusern eingefasst, die alle einem ähnlichen Haustyp entsprechen. Die Häuser stehen in offener Bauweise in einer Flucht. Bei einer Straßenbreite von fast 17 Metern sind sie nur zweigeschossig. Alle Gebäude stehen traufständig zur Straße und sind mit Zwerchgiebeln versehen. Diese Zwerchgiebel geben der Einfassung des Straßenraums die Höhe, die für seine Proportionierung notwendig ist. Zugleich bildet die ständige Wiederholung der Haustypen bei unterschiedlicher Gestaltung der Straßenfassaden einen einheitlichen Raumcharakter, wie

er beispielsweise auch in der offenen Bebauung in Dresden-Striesen (Hofräume) zu finden ist. Als zentrale Straße zwischen Residenzschloss und dem kleinen Bahnhof von Bad Arolsen weisen die Häuser Ladeneinbauten auf. **Neben dem sich durch die einheitlichen Haustypen entwickelnden Straßenraumcharakter sind die rückwärtigen Anbauten der Häuser hervorzuheben. Im Gegensatz zur Straßenfassade sind sie unterschiedlich ausgebildet und ermöglichen als Gewerbeflächen eine zusätzliche funktionale Mischung der städtischen Straße. Beispielhaft für den Entwurf von Stadtquartieren ist auch die Unterbrechung der kilometerlangen Straße durch die in ihre Achse gesetzte Kirche, die bei der Entwicklung eines Bebauungskonzepts durch jedes andere öffentliche Gebäude ersetzt werden kann. Der öffentliche Charakter des Bauwerks lässt es zum Zielgebäude und damit zum Zentrum eines Quartiers werden.**

Lageplan M 1 : 2.500

0 25 50 75 100 125

Kaulbachstraße

Schloßstraße

Rauchstraße

Kirchplatz

Bahnhofstraße

Robert-Wetekam-Straße

4.10

7.00

4.00

7.00

5,80   5,50   5,40

16,70

Schnitt und Grundriss M 1 : 500

0   5   10   15   20   25

7.40

7.60

2.20

5.10

12.20

4.10

11.70

4.70

15.10

13.20

4.00

13.20

4.10

13.20

4.00

12.20

5.80

12.10

Bahnhofstraße

Robert-Wetekam-Straße

BAD TÖLZ
MARKTSTRASSE

Charakteristikum der breiten, geschwungenen Marktstraße, die hang-abwärts vom Schlossplatz/Stadttor aus durch die Innenstadt zur Isar-brücke führt, sind die meist giebelständigen, in unterschiedlichen Farbtönen verputzten drei- bis viergeschossigen Häuser mit ihren weit überkragenden Giebeldächern, die den Straßenraum nach oben hin abschließen (siehe Schnitt). Die im Verhältnis zu der eher niedrigen Bebauung variierend breite Straße erhält durch dieses Auskragen der Dächer besondere Aufenthaltsqualitäten. Diese werden zusätzlich durch die Natursteinpflasterung, Brunnen, Sitzmöglichkeiten sowie die

vielen Gastronomielokale, die die Straße als Erweiterung ihrer Innen-räume nutzen, gefördert. Wichtig ist in diesem Beispiel aber, dass trotz der Individualität jedes Hauses der übergeordnete Gestaltungskanon der Straßenfassaden prägend ist. Auf diese Weise entsteht ein ab-wechslungsreicher Raum, der nicht zuletzt durch den geschwungenen Straßenverlauf spannende Situationen erzeugt. **Das Beispiel des Stra-ßenraums der Marktstraße zeigt, dass ein sich wiederholender Typus von Häusern den Charakter der Straße prägen kann, obwohl die ein-zelnen Fassaden in Höhe und Gestaltung nicht unterschiedlicher sein könnten. Hier prägt der Haustyp den öffentlichen Straßenraum durch seine geschmückte, pastellfarben angelegte Putzfassade mit weit überkragenden Traufgesimsen und Giebeldächern in ähnlichen Fassadenbreiten. Es ist die Einheit in der Vielfalt der Gestalt der Straßenfassaden, die Vorbild für heutige Straßenplanungen sein kann.**

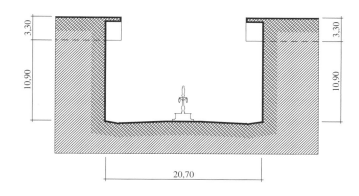

3,30 10,90

20,70

10,90 3,30

0 5 10 15 20 25

Lageplan M 1:2.500

0 25 50 75 100 125

Stadttor

Am Schlossplatz

Rathaus

Hindenburgstraße

Nockhergasse

Marktstraße

Schulgasse

Kirchgasse

Jägergasse

Lenggrieser Straße

Sägegasse

Kapellengasteig

Isarbrücke

Isar

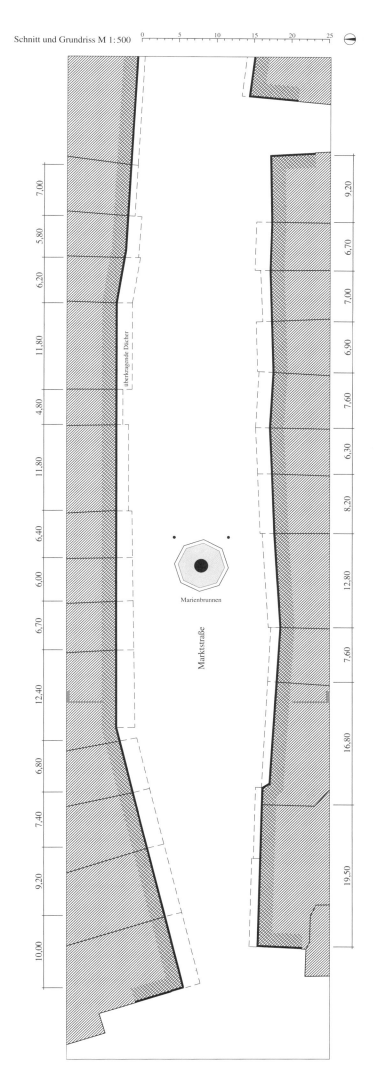

7,00

5,80

6,20

11,80

4,80

11,80

6,40

6,00

6,70

12,40

6,80

7,40

9,20

10,00

9,20

6,70

7,00

6,90

7,60

6,30

8,20

12,80

7,60

16,80

19,50

überkragende Dächer

Marienbrunnen

Marktstraße

35

BERLIN
BOZENER STRASSE

Die nur 22 Meter breite Straße wird mit Erkervorbauten gegliedert und rhythmisiert. Dabei markieren die in die schmalen Vorgärten gesetzten Vorbauten die jeweiligen Hauseingänge und geben jeder Hausfassade ihren eigenen Charakter. Alle Straßenfassaden sind mit Balkonen ausgestattet, die in den meisten Fällen direkt neben die Straßenerker gesetzt sind. Die Breite der Straße entspricht ihrer Höhe, so dass sich ein Raumverhältnis von 1:1 ergibt. Beiderseits begleiten den Straßenraum vier Meter breite Gehsteige. Die nur drei Meter tiefen Vorgärten ergänzen den wohnlichen Charakter. **Besonders hervorzuheben ist**

das Ende der Bozener Straße. Die Straße läuft axial auf ein Haus zu, das mit einem mittig auf den Straßenraum ausgerichteten Erkervorbau versehen ist. Die beiden Eckhäuser am Ende der Straße werden abgewinkelt und erwidern den Erkervorbau des Kopfgebäudes mit eigenen Erkern, so dass ein Dreiecksplatz mit drei ähnlichen Haustypen entsteht. Die einheitliche Fassadentypologie der drei Häuser entwickelt einen deutlich wahrnehmbaren Raumcharakter. Um die städtebauliche Figur zusätzlich zu stärken, ist die Mitte des Platzes, der ein reiner Verkehrsplatz ist, mit einem Baum versehen. Das Beispiel zeigt, wie eine städtische Wohnstraße mit einer im Bebauungsplan festgelegten architektonischen Figur der Straßenfassaden zu einem Straßenraum gestaltet wird und wie notwendig es ist, bei der Planung einer Straße auf die städtebauliche Figur der den Straßenraum begleitenden Häuser zu achten.

4,00

21,00

21,00

4,00

7,00   7,20   7,50

21,70

Lageplan M 1 : 2.500

0   25   50   75   100   125

Berliner Straße

Kufsteiner Straße

Bozener Straße

Meraner Straße

Badensche Straße

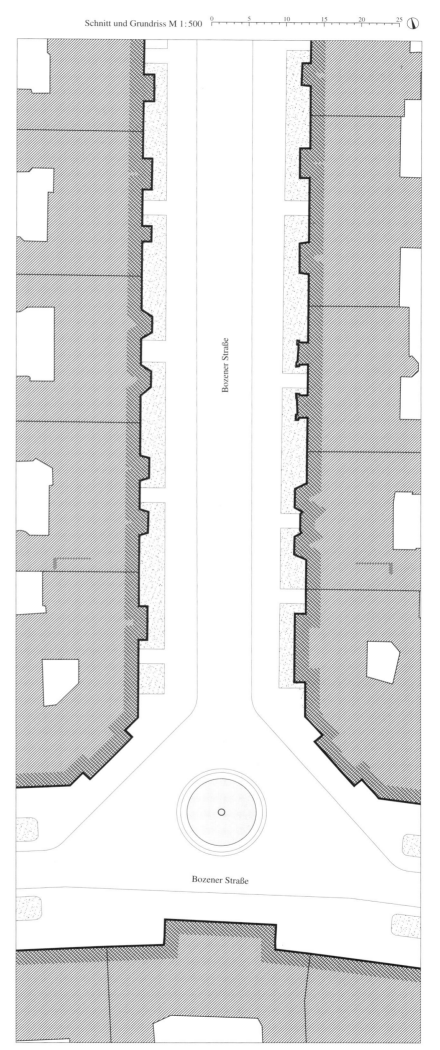

Schnitt und Grundriss M 1 : 500

0   5   10   15   20   25

Bozener Straße

Bozener Straße

BERLIN
FRIEDRICHSTRASSE

Die durch die Berliner Stadtteile Mitte und Kreuzberg verlaufende Friedrichstraße führt in einer geraden Nord-Süd-Achse auf den Mehringplatz im Süden zu. Im Bereich Bahnhof Friedrichstraße/Unter den Linden verengt sich der Straßenraum auf 15 Meter und wird durch Kolonnadenräume gefasst. **Obwohl die Gebäude verschieden strukturierte Straßenfassaden und unterschiedlichste Fensteröffnungen aufweisen und mit Naturstein, Putz, Stahl, Glas und anderen Materialien verkleidet sind, ist der Straßenraum durch die beidseitigen Kolonnaden geprägt und mit all seiner Verschiedenartigkeit zu** einem stimmigen Ensemble vereint. Und obwohl sich die Kolonnaden wie auch die Arkaden selbst hinsichtlich ihrer Höhe, Breite und Ausprägung unterscheiden, bleibt das Motiv des überdeckten Gehwegbereichs der Straße dominierend, was für die Wahrnehmung und den gesamten Ausdruck des Straßenraums ausschlaggebend ist. Funktional ist der Straßenraum für den Individualverkehr gänzlich vom Fußgängerbereich, der sich als Flanierzone unter den Kolonnaden befindet, getrennt. Pro Fahrbahnrichtung gibt es jeweils nur eine Spur mit je einem seitlich angeordneten Parkstreifen. Die Straße ist dadurch verhältnismäßig eng und großstädtisch. Ähnliche Breiten aufweisende, zur Friedrichstraße orthogonal ausgerichtete Querstraßen durchbrechen den Straßenraum regelmäßig und formen städtische, zumeist dicht bebaute Blöcke.

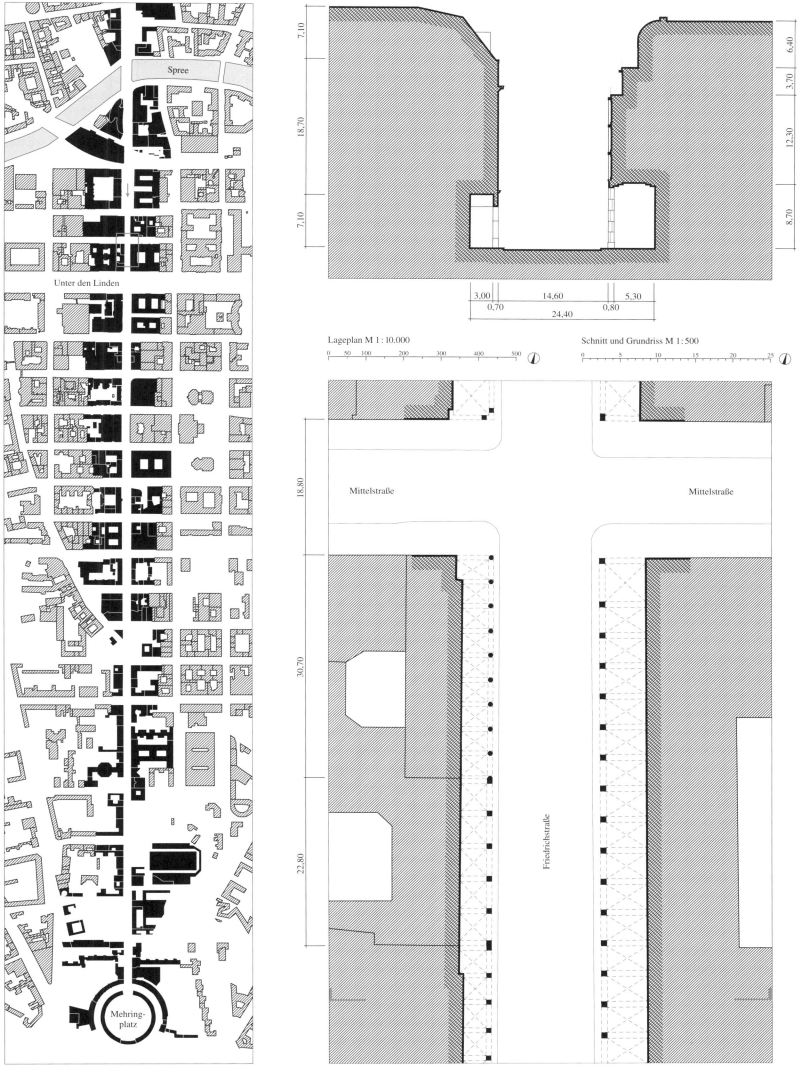

Spree

Unter den Linden

Mehring-platz

Lageplan M 1 : 10.000

0   50   100   200   300   400   500

Schnitt und Grundriss M 1 : 500

0   5   10   15   20   25

Mittelstraße

Mittelstraße

Friedrichstraße

7,10

18,70

7,10

6,40

3,70

12,30

8,70

3,00   14,60   5,30
0,70   0,80
24,40

18,80

30,70

22,80

KOLONNADEN
Höhe × Breite 8,70 × 5,30 Meter

BERLIN
FRIEDRICHSTRASSE

Der Kolonnadenraum entlang der Friedrichstraße hat unterschiedliche Höhen und Breiten und weist an abgebildeter Stelle mit etwa fünf Meter Breite und acht Meter Höhe großstädtische Proportionen auf. Mit beigefarbenem Naturstein verkleidet, wirkt der Raum hell und freundlich und bietet den Fußgängern auch bei schlechtem Wetter Möglichkeiten des Flanierens und des Aufenthalts vor den Geschäften, die sich in den erhöhten Erdgeschossen befinden. Der Boden weist analog zur tiefgezogenen Decke Felder mit geometrischem Muster auf, die in ihrer Reihung und Materialität ebenfalls die Einheitlichkeit des Kolonnadenraums betonen. Die Verglasung der einzelnen Ladenlokale erstreckt sich über die gesamte Höhe und wirkt weitgehend geschlossen und abweisend. **Wichtig und an diesem Beispiel gut nachvollziehbar ist es, eine Kolonnade als städtischen Raum zu begreifen und ihn als solchen zu entwerfen. Ein Schaufenstersockel, der den Raum in seiner Materialität stärker fassen würde, sowie kleinere Ladeneinheiten mit mehreren Eingängen und kleineren Schaufenstern könnten die Kolonnade, die mit Fassadenlisenen, Unterzügen, tiefgezogenen Deckenfeldern und einer einheitlichen Materialität architektonisch zu einem städtischen Raum entwickelt wurde, in ihrer räumlichen Gefasstheit erheblich verbessern.** Das Verhältnis von Höhe zu Breite ist ausgewogen, so dass der Raum hell, offen und keineswegs beengend wirkt.

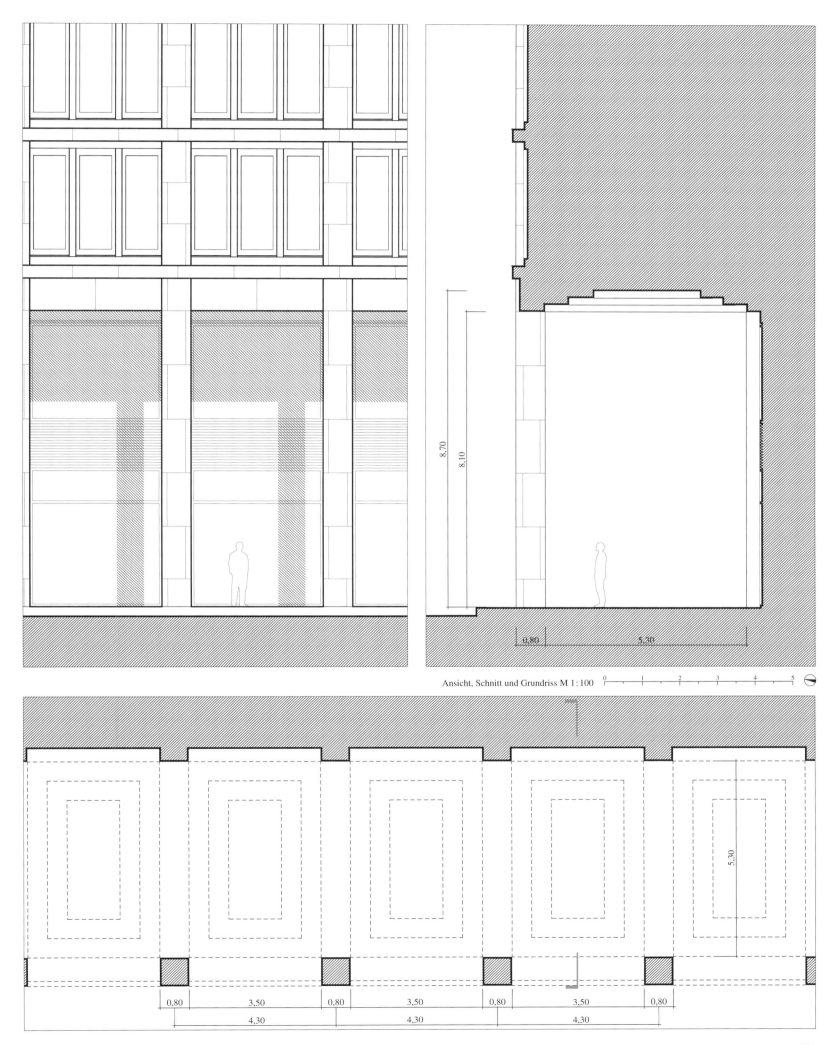

Ansicht, Schnitt und Grundriss M 1:100   0   1   2   3   4   5

8.70
8.10

0,80   5,30

5,30

0,80   3,50   0,80   3,50   0,80   3,50   0,80

4,30   4,30   4,30

BERLIN
KARL-MARX-ALLEE

Der mit 84 Meter sehr breite Straßenraum ist asymmetrisch angelegt: Sechs durch einen acht Meter breiten Grünstreifen getrennte Fahrbahnen sind auf der südlichen Hälfte der Karl-Marx-Allee angeordnet. Auf der Nordseite ist die Allee entlang der großzügigen Bürgersteige vor den Hausfronten mit einer zweifachen, auf der Südseite mit einer einfachen Baumreihe ausgebildet. Als symmetrisch angelegte Bauwerke bilden die Turmbauten des Architekten Hermann Henselmann am Frankfurter Tor und am Strausberger Platz den städtebaulichen Abschluss dieses Abschnitts der 2,3 Kilometer langen Straße. Räumlich wird die Straße von sieben- bis neungeschossigen Wohnzeilen mit teilweise vorgezogenen Ladenbereichen gefasst. Eine weitere Gliederung erhält der Straßenraum durch die nur noch rudimentär vorhandenen zweiarmigen Kandelaber, die den Bereich der sechsspurigen Fahrbahn in einem Rhythmus von etwa 25 Metern begleiten. Die Fassaden sind horizontal und vertikal gegliedert, die Sockelzonen wurden von den oberen Geschossen erkennbar abgesetzt, was die 30 Meter hohen Fassaden im Nahbereich des Gehsteigs angenehm proportioniert. **Trotz der Monumentalität der Straße entwickeln die Größenverhältnisse von Raumbreite zu Bebauungshöhe und die Turmbauten eine ausbalancierte Ordnung des städtischen Raums. Besonders die raumfassenden Hausfassaden und deren vertikale und horizontale Gliederung bis hin zu den abschließenden, weit auskragenden Dachgesimsen tragen zur stadträumlichen Qualität erheblich bei.**

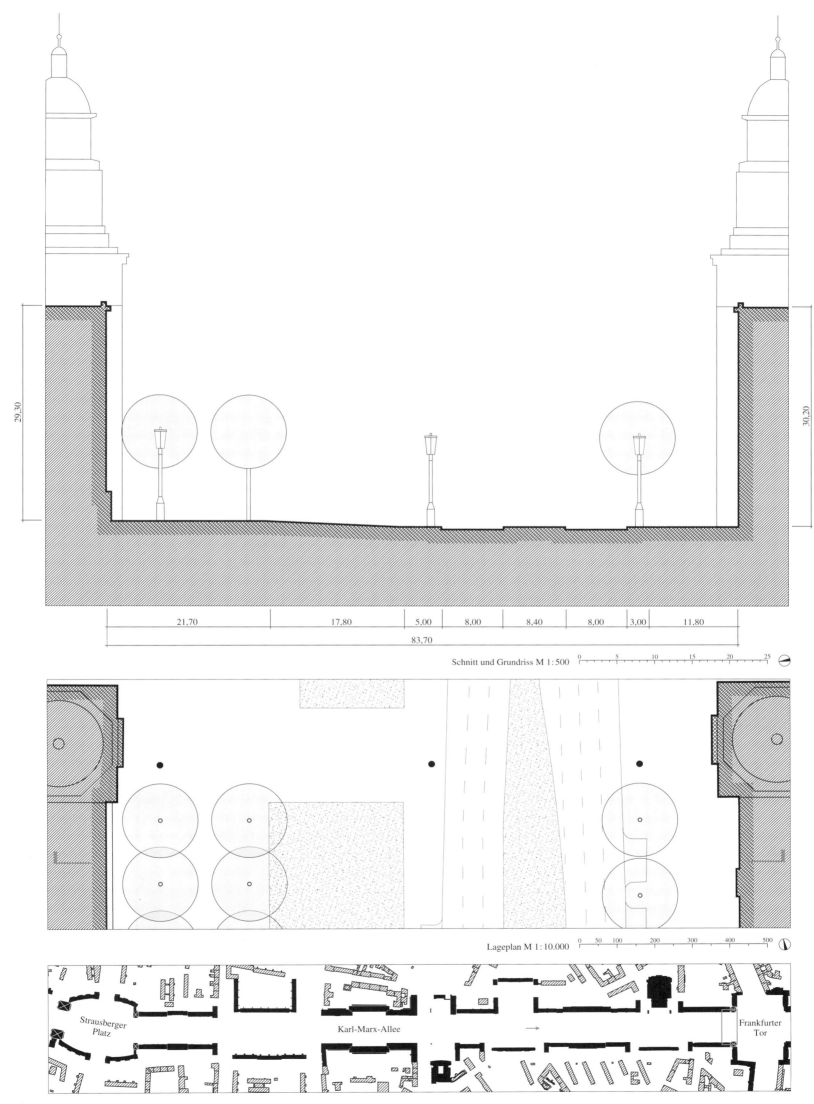

29,30

30,20

| 21,70 | 17,80 | 5,00 | 8,00 | 8,40 | 8,00 | 3,00 | 11,80 |

83,70

Schnitt und Grundriss M 1:500   0   5   10   15   20   25

Lageplan M 1:10.000   0   50   100   200   300   400   500

Strausberger
Platz

Karl-Marx-Allee

Frankfurter
Tor

BERLIN
UNTER DEN LINDEN

Die 61 Meter breite Prachtstraße verläuft zwischen dem Pariser Platz im Westen und der Schlossbrücke im Osten und wird an ihren jeweiligen Enden optisch durch das Brandenburger Tor beziehungsweise die neu errichtete Fassade des Berliner Schlosses abgeschlossen. Den Straßenraum strukturieren vier symmetrisch angelegte Baumreihen. Mittig befindet sich eine mit Kies und Kleinpflaster belegte, 18 Meter breite Promenade, auf der seitlich Sitzbänke angeordnet sind. Baulich gefasst wird die Straße durch eine weitgehend geschlossene Straßenrandbebauung mit unterschiedlichen Geschosshöhen und markanten

Traufgesimsen, die den Straßenraum nach oben hin abschließen. Die Gebäude haben meist ein erhöhtes Sockelgeschoss und dienen mit ihren repräsentativen Fassaden vielfältigen, teils öffentlichen Funktionen. Die Bürgersteige vor den überwiegend in hellem Naturstein und Putztönen gestalteten Fassaden sind großzügig angelegt. **Durch ihren Boulevardcharakter, der mit einer besonderen städtebaulichen Ordnung einhergeht, ihren repräsentativen Auftakt beziehungsweise Abschluss sowie ihre Breite entwickelt die Straße einen besonderen öffentlichen Stadtraum im Straßenbild von Berlin. Unter den Linden ist Beispiel für eine Straße, die trotz hohen Verkehrsaufkommens durch ihre großzügigen Gehsteige, die fast 20 Meter breite bekieste Mittelzone und die dominierenden Baumpflanzungen eine große Lebendigkeit entwickelt und den Fußgänger zum Verweilen auf den Parkbänken oder im Café am Straßenrand animiert.**

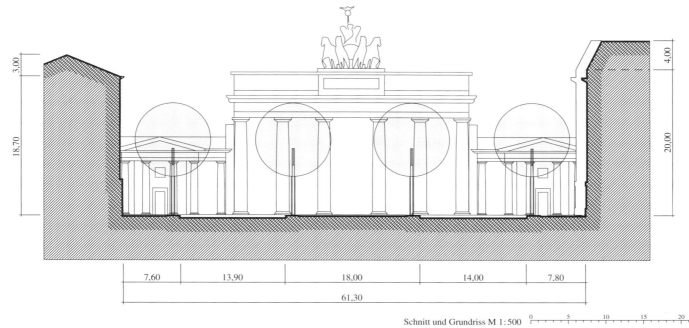

7,60 13,90 18,00 14,00 7,80

61,30

3,00 18,70 4,00 20,00

26,50

Schnitt und Grundriss M 1:500

0 5 10 15 20 25

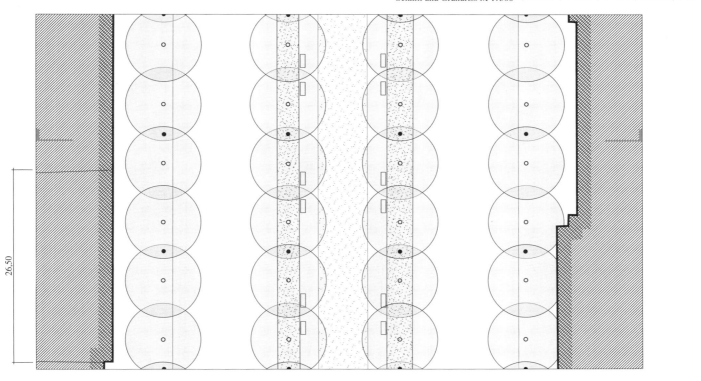

Lageplan M 1:10.000

0 50 100 200 300 400 500

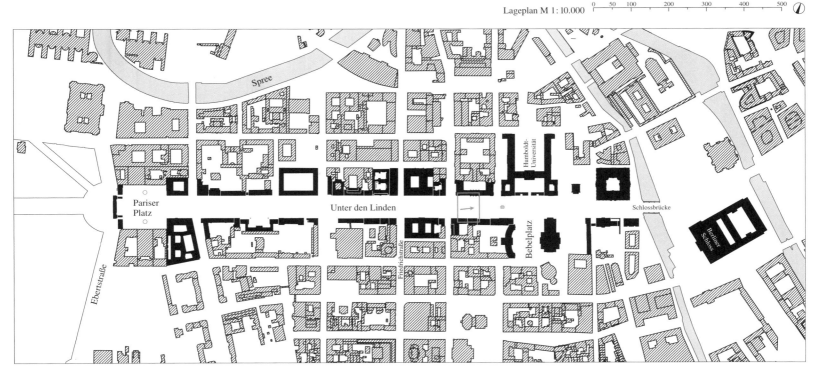

Ebertstraße

Pariser Platz

Unter den Linden

Friedrichstraße

Humboldt-Universität

Bebelplatz

Schlossbrücke

Berliner Schloss

Spree

BREMEN SCHNOOR

Die überwiegend zweigeschossigen Bürgerhäuser auf schmalen, tiefen Parzellen sind mit steilem Dach giebelständig zur Gasse ausgerichtet. Sogenannte Ausluchten, erkerartige Vorbauten, sowie doppelflügelige Haustüren mit Portal und Schnitzwerk beleben das Bild des engen Straßenraums. Die mit roten Dachziegeln gedeckten Häuser weisen unterschiedliche Fassadenmaterialien auf: Neben sichtbarem und geschlämmtem Mauerwerk gibt es Fachwerkhäuser sowie rustizierte Putzfassaden in verschiedenen Farbtönen. Die unterschiedlich gestalteten Häuser formen ein abwechslungsreiches und doch

stimmiges Bild. Die übergeordneten Gestaltungskriterien – Geschossigkeit, Fenster und Giebelständigkeit – bilden den Rahmen für individuelle Fassadenausprägungen in einem einheitlichen Gesamtbild. In den Erdgeschossen befinden sich unterschiedlichste Ladenlokale, deren Werbeschilder teils weit in die Gasse hineinragen. Die nach außen zu öffnenden Fenster liegen nahezu bündig in der Fassade und werden durch weiße Sprossen gegliedert. Aufgrund von Krümmungen im Verlauf kann die schmale Gasse in ihrer Länge nicht vollständig überblickt werden, sondern erschließt sich abschnittsweise in ihrer Raumwirkung. Fassaden von Häusern, die auf der konkaven Seite der Straßenkrümmung stehen, sind damit im Straßenraum besonders präsent. **Die Straßenbreite, die Krümmungen und der Verzicht auf Hochparterre erzeugen eine private, nahezu intime Atmosphäre. Diese Charakteristika der Gasse sowie das Kopfsteinpflaster und**

die in den Straßenraum hineinragenden Erker, Werbeschilder und Fensterflügel verbinden Straße und Bebauung übergangslos und untermauern die geringe Distanz zwischen dem öffentlichen Raum der Gasse und dem privaten Inneren der Häuser. Das architektonische Detail der sich in die Straße hineindrehenden Fensterflügel vermittelt dabei den besonderen Charakter des Sich-Öffnens der Häuser in den Gassenräumen. Auch wenn Gassenräume mit einer Breite von nicht einmal fünf Metern schon aus Brandschutzgründen in unserer Zeit kaum mehr planbar erscheinen, soll das Beispiel doch verdeutlichen, dass die Abwechslung von Enge und Weite im Städtebau von einer besonderen Qualität ist, die es für den öffentlichen Raum der Stadt wiederaufzugreifen gilt.

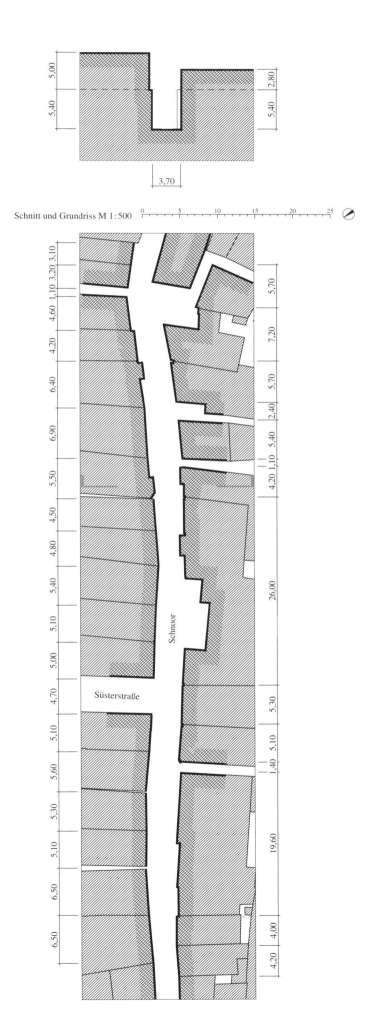

Lageplan M 1 : 2.500

Schnitt und Grundriss M 1 : 500

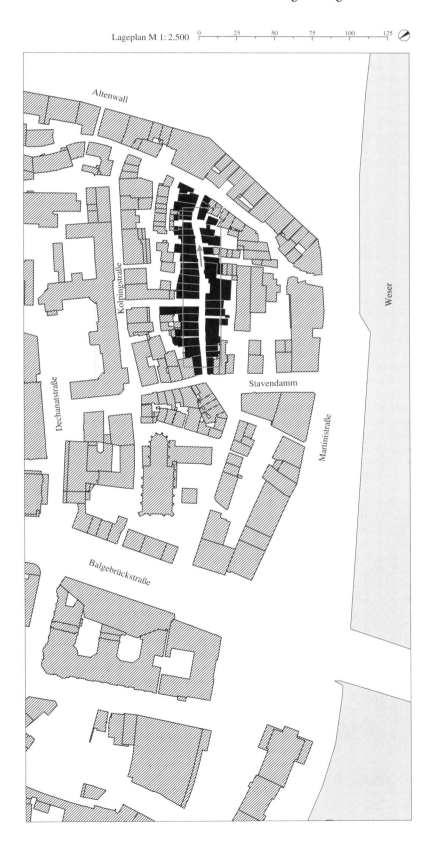

CHEMNITZ WESTSTRASSE

An der 34 Meter breiten Straße, die von 17 Meter hohen Häusern eingefasst wird, befinden sich beiderseits etwa neun Meter tiefe Vorgärten. Diese durch niedrige Mauern und Hecken gefassten Vorgärten sind nicht genutzt und werden durch die Zugänge und Zufahrten zu den Häusern in zum Teil sehr kleine Flächen zertrennt. Die einzelnen Gebäude stehen in einer Flucht und sind durch Erker, Balkone und Loggien mit dem städtischen Straßenraum verbunden. **Das Beispiel zeigt aber auch, dass eine repräsentativ angelegte Straße durch Änderung der Fahrbahn- und Gehwegbreiten in ihrem Charakter**

stark verändert werden kann. Betrachtet man darüber hinaus die besondere Größe der Hofräume in den Reformblöcken, bei denen seinerzeit bewusst auf Flügel- und Hofhäuser verzichtet wurde, so wird deutlich, wie wichtig die funktionale Mischung in diesen Höfen sowie vor allem aber die Einwohnerdichte für die Lebendigkeit im Straßenraum ist. An der Ecke zur Andréstraße löst sich der Straßenraum mit Zeilenbauten der Nachkriegszeit auf und veranschaulicht damit die städtebauliche Veränderung, wie sie sich im 20. Jahrhundert vollzog.

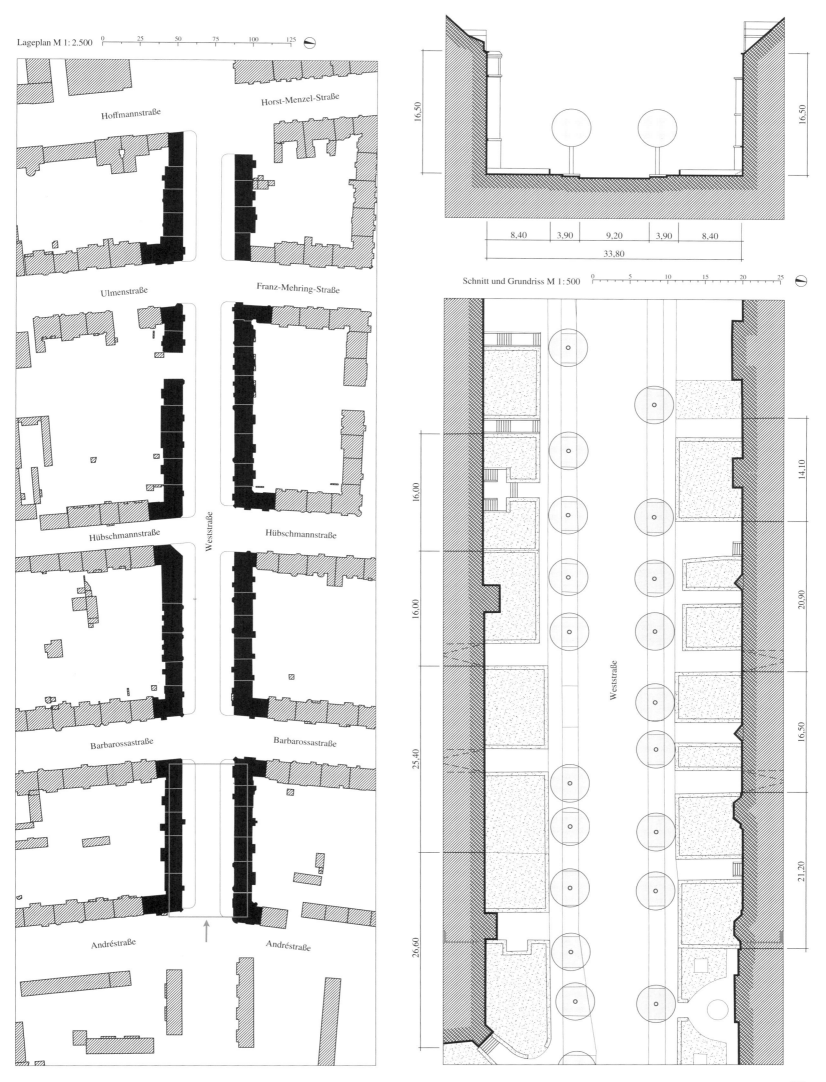

Lageplan M 1 : 2.500

Hoffmannstraße

Horst-Menzel-Straße

Ulmenstraße

Franz-Mehring-Straße

Weststraße

Hübschmannstraße

Hübschmannstraße

Barbarossastraße

Barbarossastraße

Andréstraße

Andréstraße

Schnitt und Grundriss M 1 : 500

Weststraße

16,50

16,50

8,40   3,90   9,20   3,90   8,40

33,80

16,00

16,00

25,40

26,60

14,10

20,90

16,50

21,20

DINKELSBÜHL
SEGRINGER STRASSE

Zwei ineinander übergehende Straßen verlaufen in einer weiten Kurve mit einer durchschnittlichen Breite von 12 bis 15 Meter durch die Dinkelsbühler Altstadt. Sie treffen am Marktplatz, der von Weitem durch den Turm des St. Georg-Münsters sichtbar gemacht ist, zusammen. An der Nördlinger Straße stehen die Häuser frei und schräg versetzt zum Straßenraum. In der Straßenflucht der Segringer Straße dagegen stehen die Giebelhäuser orthogonal zum Straßenraum und begrenzen ihn beiderseits. **In unsere Zeit übertragen, würde man den Häusern auf ihrer Rückseite einen Garten zuordnen und**

könnte so von einer Reihenhausanlage sprechen. Der im Prinzip immer gleiche Giebel weist als „Straßenfassade" in den öffentlichen Raum hinein, hat verschiedene Farben, leicht unterschiedliche Höhen und entwickelt als Typus einen schönen städtischen Raum. Dieser Raum ist leicht gekurvt, was dazu führt, dass die rotbraun gedeckten Ziegeldächer zu einer optischen Einheit verschmelzen. Im Unterschied zur „Reihenhausanlage" am Stadtrand entsteht ein städtischer Straßenraum aus gereihten Einzelhäusern. Die offene Bauweise von zwei- bis dreigeschossigen Häusern, verbunden mit dem großzügigen Querschnitt der Straße, **ermöglicht es, einen derartigen Straßenraum in unsere Zeit zu übertragen.** Ergänzt wird der Raumeindruck in Dinkelsbühl durch den 62 Meter hohen Westturm des Münsters St. Georg, der über die Häuser hinausragt. **Derartig inszenierte Ausblicke auf öffentliche**

Gebäude, Rathäuser, Gemeindehäuser, Schulen o. ä. entwickeln Ortsgebundenheit im städtischen Gemeinwesen. Die Erdgeschosse der Häuser werden vielfach zu Gewerbezwecken genutzt. Stoffmarkisen ragen weit über den Bürgersteig und erzeugen ein intensives Wechselspiel mit dem öffentlichen Straßenraum.

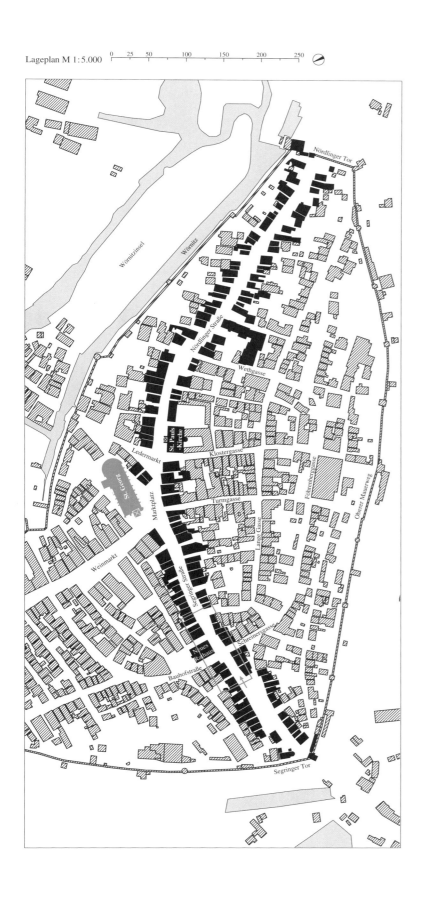

Lageplan M 1:5.000

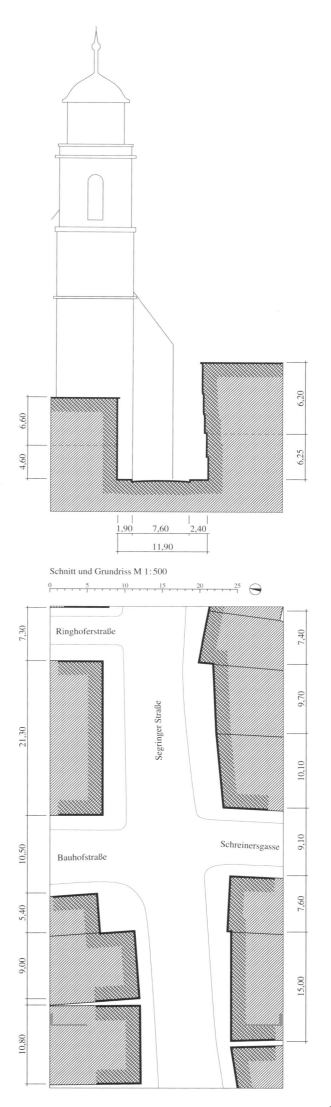

Schnitt und Grundriss M 1:500

DORTMUND
ALTHOFFSTRASSE

Die Zufahrten in die Althoffstraße sind als große repräsentative Tore ausgebildet, wodurch die öffentliche Straße einen städtischen Charakter erhält, der als Vorbild für Neubauquartiere dienen kann. So sind die Tore nach innen wie nach außen symmetrisch aufgebaut und mit Giebeln, Erkern und Dachreitern verziert. Die Kreuzung von Althoffstraße und Roseggerstraße wird durch große Linden sowie durch ein Vorspringen der Eckhäuser, Giebel und Erker städtebaulich akzentuiert. Der Straßenraum selbst erhält durch symmetrisch zurückspringende Bebauungskanten und leichte Krümmungen im Straßenverlauf eine vielfältige Gestalt. Die Putzfassaden der viergeschossigen Häuser sind deutlich gegliedert; Vor- und Rücksprünge, hervortretende Giebel und Erker rhythmisieren die Straßenabwicklung. Durchgängige Geschoss- und Traufhöhen, Dächer mit aufgesetzten Giebelhäusern und Gesimsbänder sowie eine einheitliche Formensprache und Farbigkeit verdeutlichen die Zusammengehörigkeit der Gesamtanlage. Unterschiedlich ausgeführte und betonte Eingangssituationen prägen neben der ähnlichen und doch individuellen Fassadengestaltung den jeweils eigenen Charakter jedes Hauses.

STRASSENRÄUME

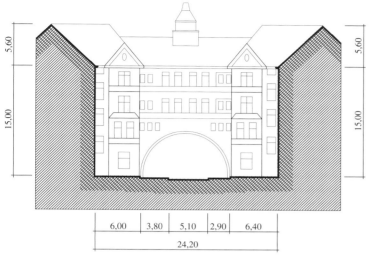

5,60　15,00

6,00　3,80　5,10　2,90　6,40

24,20

Lageplan M 1:2.500

0 25 50 75 100 125

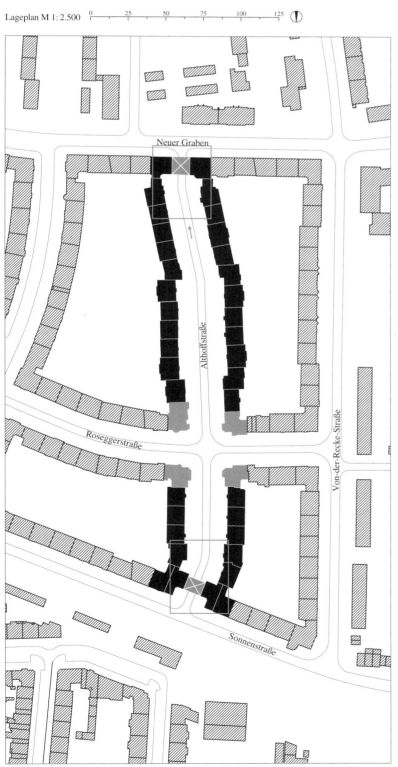

Neuer Graben

Althoffstraße

Roseggerstraße

Von-der-Recke-Straße

Sonnenstraße

Schnitt und Grundriss M 1:500

0 5 10 15 20 25

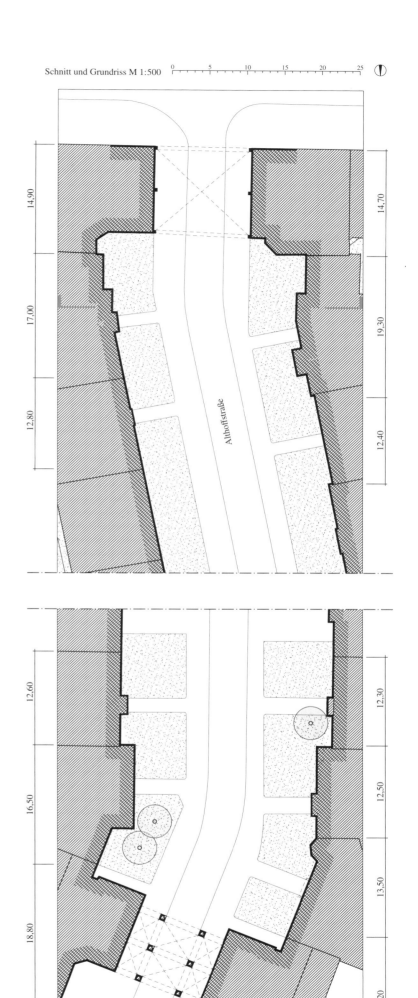

14,90　17,00　12,80

14,70　19,30　12,40

Althoffstraße

12,60　16,50　18,80

12,30　12,50　13,50　17,20

53

DRESDEN KÖNIGSTRASSE

Der geschlossene Straßenraum verbindet in gerader Flucht den Albertplatz mit dem Palaisplatz. Die beiderseits parallel zur Bebauung angeordneten Baumreihen bilden eine Allee, die zentral auf das Japanische Palais zuführt. Dieses schließt den Straßenraum mit seiner Straßenfront, einem giebelförmigen Mittelrisalit und einer das Bauwerk krönenden Kuppel ab. Regelmäßig in den Straßenraum gesetzte Bäume und Laternen verstärken die zentralperspektivische Wirkung der Straße. Die hellbeigefarbenen Fassaden der die Straße einfassenden barocken Hofhäuser sind dezent mit Putzapplikationen versehen und durch regelmäßig gesetzte Fenster strukturiert. Ein wesentlicher Bestandteil des Straßenbilds ist die Pflasterung des Straßenbelags. Bei der Dresdener Königstraße handelt es sich um eine städtebauliche Gesamtanlage aus dem Barock (Matthäus Daniel Pöppelmann). **Ein derartiges städtebauliches Ensemble kann auch heute in der Neuplanung eines Quartiers Anwendung finden, wenn die Anlage im städtebaulichen Entwurf durch eine Gestaltungssatzung ermöglicht wird. Das Bauwerk vor Kopf steht 150 Meter hinter dem Straßenraum und ist als Zielgebäude durch ein öffentliches Haus, eine Schule oder Ähnliches zu ersetzen. Der Typus der straßenbegleitenden Hofhäuser kann ebenfalls über eine Gestaltungssatzung festgeschrieben werden.**

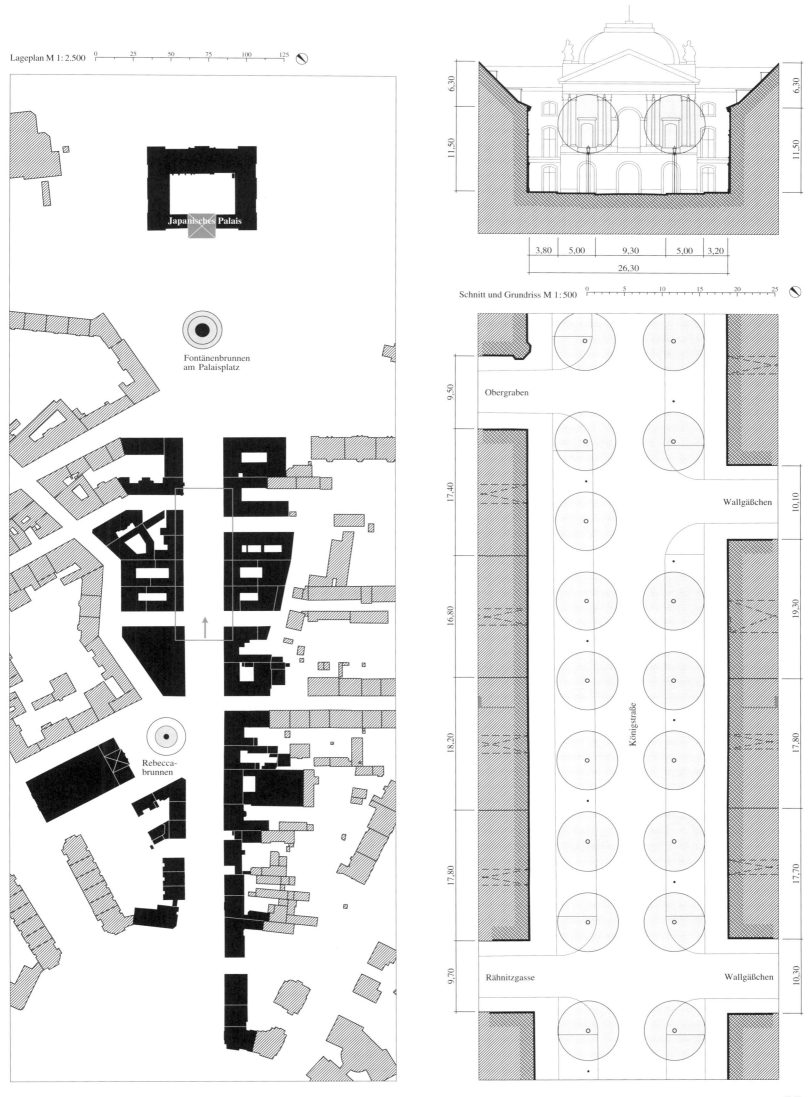

Lageplan M 1:2.500

0   25   50   75   100   125

Japanisches Palais

Fontänenbrunnen
am Palaisplatz

Rebecca-
brunnen

6,30

11,50

3,80   5,00   9,30   5,00   3,20

26,30

Schnitt und Grundriss M 1:500

0   5   10   15   20   25

6,30

11,50

9,50   Obergraben

17,40

10,10   Wallgäßchen

16,80

19,30

Königstraße

18,20

17,80

17,80

17,70

9,70   Rähnitzgasse   Wallgäßchen

10,30

DÜSSELDORF KÖNIGSALLEE

Der mit fast 90 Metern auffallend breite Stadtraum verbindet den Corneliusplatz mit dem Graf-Adolf-Platz und bildet eine gerade zentrale Achse, die im Norden mit dem Tritonenbrunnen endet. Mittig befindet sich die tief liegende Wasserfläche des Stadtgrabens, dessen Ufer als begrünte Böschungen ausgebildet sind und der die Fahrbahnen der beiden Straßen voneinander trennt. Zwischen den 20 Meter hohen Straßenfassaden und dem Wassergraben wurden Baumreihen angeordnet, die den gesamten Straßenraum zu einer vierreihigen großstädtischen Allee machen. Die Wasserfläche im Zentrum ist von großkronigen Bäumen eingefasst, kann über zwei Brücken passiert werden und bildet mit den zum Verweilen einladenden Parkbänken einen innerstädtischen Erholungsraum. Die größtenteils geschlossene Straßenrandbebauung liegt beiderseits in einer Flucht; sie besteht aus vier- bis sechsgeschossigen Häusern in unterschiedlichen Architektursprachen mit hohen Erdgeschossen. **Trotz des hohen Verkehrsaufkommens kommt durch den zentralen „Landschaftsraum" eine Atmosphäre des Verweilens auf. Fußgängerwege verlaufen entlang der Bebauung sowie unmittelbar entlang des Stadtgrabens. Die Qualität des Raums entsteht ausschließlich durch den Entwurf des öffentlichen Raums, des Wassers, der Brücken, Brunnen und der Ordnung der Bepflanzung. Die Königsallee ist eine nachahmenswerte städtische Grünanlage sowie eine gelungene Verbindung zwischen Stadt- und Landschaftsraum und wird den ökologischen Ansprüchen unserer Zeit gerecht.**

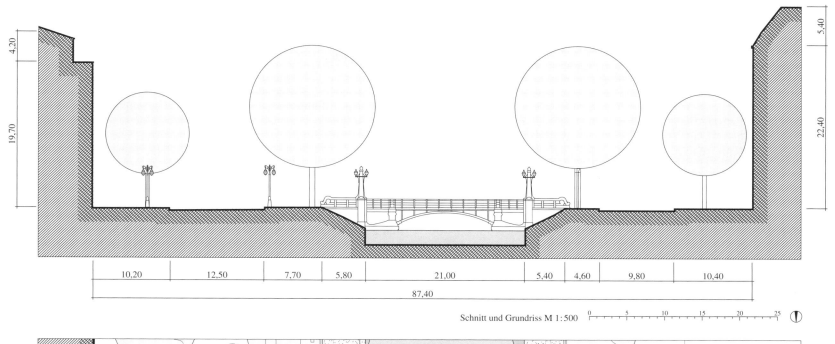

| 4,20 | 19,70 | | | | | | | 22,40 | 5,40 |

| 10,20 | 12,50 | 7,70 | 5,80 | 21,00 | 5,40 | 4,60 | 9,80 | 10,40 |

87,40

Schnitt und Grundriss M 1:500

0   5   10   15   20   25

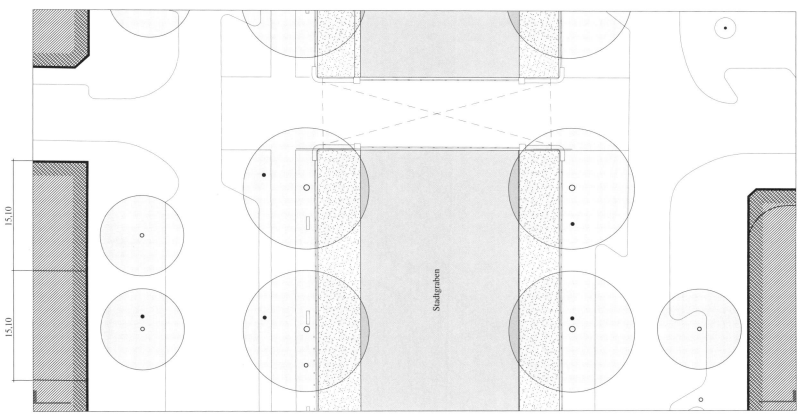

| 15,10 | 15,10 |

Stadtgraben

Lageplan M 1:5.000

0   25   50   100   150   200   250

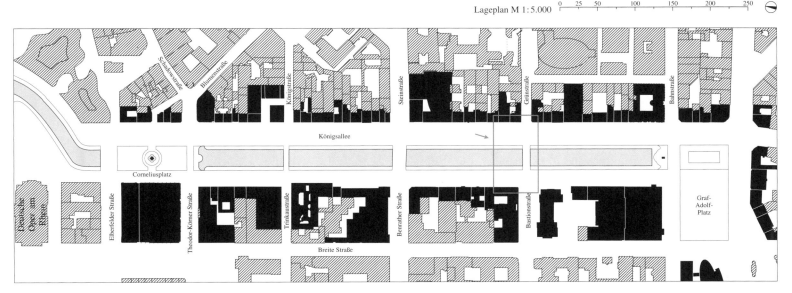

Deutsche Oper am Rhein

Schadowstraße
Blumenstraße
Königstraße
Steinstraße
Grünstraße
Bahnstraße

Königsallee

Corneliusplatz

Elberfelder Straße
Theodor-Körner-Straße
Trinkausstraße
Benrather Straße
Bastionstraße

Graf-Adolf-Platz

Breite Straße

FRANKFURT AM MAIN AN DER RINGMAUER

Die Quartiersstraße liegt in der Siedlung Römerstadt und folgt der Hangkante der Nidda. **Immer wieder wird die straßenbegleitende zweigeschossige Bebauung durch halbrund eingefasste terrassenartige Plätze zum Landschaftsraum der Nidda geöffnet. Jeder dieser „Bastionsplätze" ist städtebaulich durch ein quer gestelltes, erhöhtes und farblich abgesetztes Gebäude sowie durch bewusst gesetzte hohe Bäume, deren Reihung dem Verlauf der Bastion folgt, betont.** So ist ein bekiester öffentlicher Platzbereich mit Aufenthaltsqualität und einem Ausblick ins Niddatal entstanden. Auf der gegenüberliegenden Straßenseite führen Erschließungswege zu der nächsten Ringstraße der Siedlung. Durch den sich krümmenden Straßenverlauf wird der Raumeindruck der Straße mit den architektonisch einheitlichen Wohnzeilen optisch geschlossen. Der 17 Meter breite Straßenraum zwischen den zweigeschossigen Zeilen ist asymmetrisch angelegt und weist auf seiner Westseite eine breite begrünte Eingangszone mit Sträuchern und Bäumen auf. **Die leicht erhöhten Grünbereiche vor den Häusern, die niedrige Bebauung, vor allem aber die Straßenkrümmung, die die endlosen Reihenhausfluchten in überschaubare Raumeinheiten gliedert, verleihen der Straße einen privaten, ruhigen Charakter. Anders als die späteren Siedlungen von Ernst May finden sich in der Römerstadt städtebaulich geordnete öffentliche Räume.**

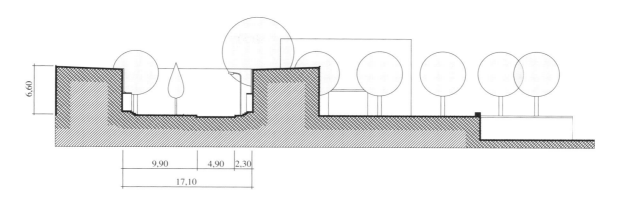

6,60

9,90 | 4,90 | 2,30

17,10

0   25   50   75   100   125

0   5   10   15   20   25

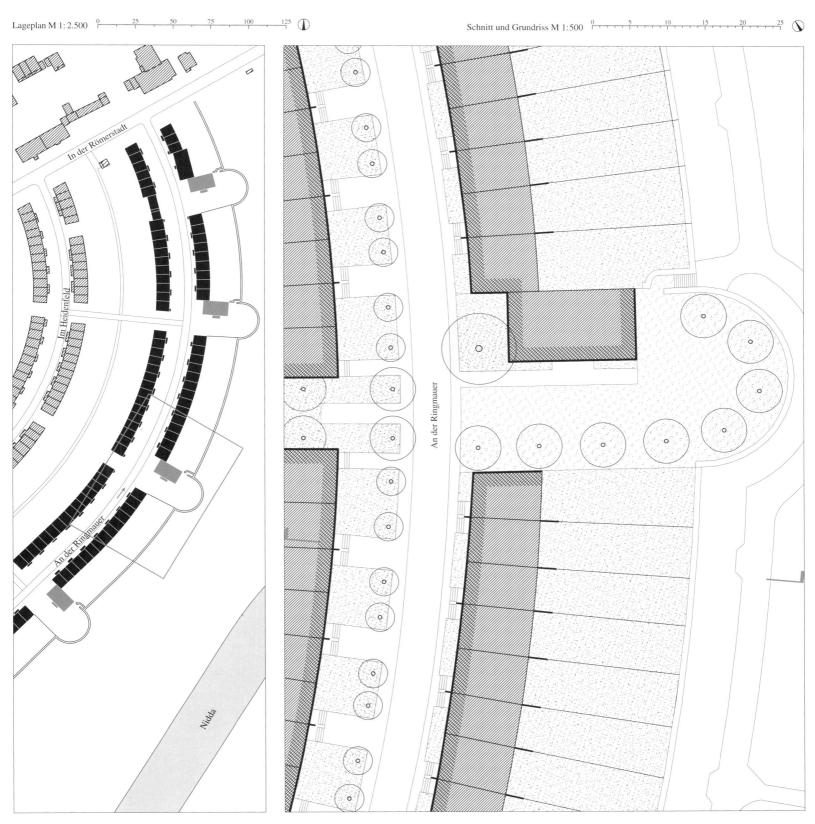

In der Römerstadt

Im Heidenfeld

An der Ringmauer

An der Ringmauer

Nidda

FRANKFURT AM MAIN BRAUBACHSTRASSE

Den malerischen Raum der Braubachstraße ermöglichte ein Straßendurchbruch im Zentrum Frankfurts, der Ende des 19. Jahrhunderts erfolgte. Der leicht geschwungene Straßenverlauf folgt den städtebaulichen Ideen Camillo Sittes. In Blickrichtung Paulsplatz wird der Raum der Straße durch ein Brückenbauwerk, den Rathausturm sowie einen kleinen Treppenturm abgeschlossen. Noch immer kriegszerstört, fehlen den Türmen ihre Dachgeschosse und die dazugehörigen Turmhelme. Neben dieser Besonderheit, den Straßenraum mit einem Zielgebäude, einem öffentlichen Bauwerk, abzuschließen, ist die leichte

Krümmung der Straße hervorzuheben. Sie lässt viele der Hausfassaden im Straßenraum hervortreten, was zu einer abwechslungsreichen Wahrnehmung der Häuser führt (siehe auch Dinkelsbühl, Seite 50 und Halle, Seite 68). **Die den öffentlichen Raum einfassenden Straßenfassaden wurden zu Beginn des 20. Jahrhunderts (1904) über einen eigens für diese Straße ausgeschriebenen Fassadenwettbewerb ermittelt. Dieses Verfahren wandte die Stadt Frankfurt vor wenigen Jahren auch bei der Dom-Römer-Bebauung an. Die Gestalt der neuen, in den 10er Jahren des 21. Jahrhunderts errichteten Braubachstraßenhäuser wurde ebenfalls anhand einer Gestaltungssatzung über einen Fassadenwettbewerb ermittelt und durch einen Gestaltungsbeirat begleitet. Die Wohn- und Geschäftshäuser sind zwar individuell gestaltet, formen aber durch die Festlegungen in der Gestaltungssatzung ein zusammenhängendes und spannendes Straßenbild.**

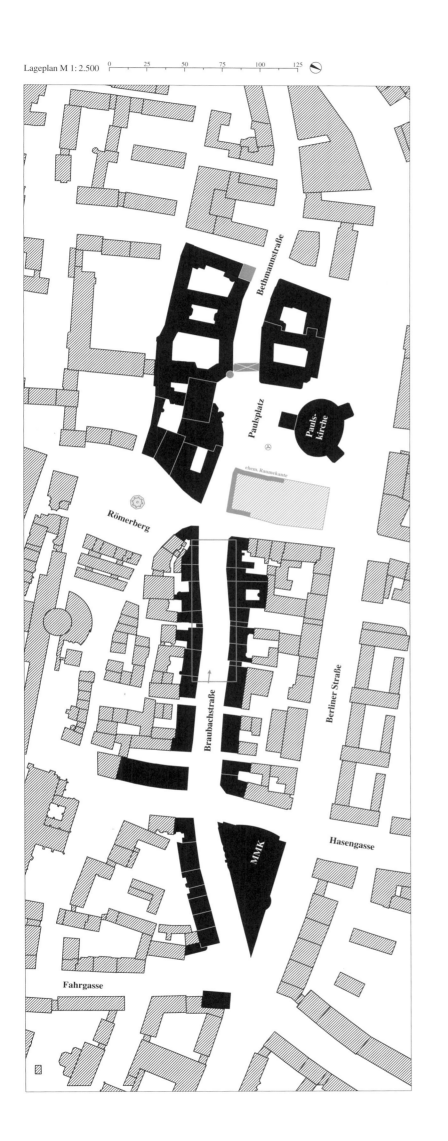

Lageplan M 1 : 2.500

Bethmannstraße

Paulsplatz

Pauls-kirche

ehem. Raumekante

Römerberg

Braubachstraße

Berliner Straße

Hasengasse

MMK

Fahrgasse

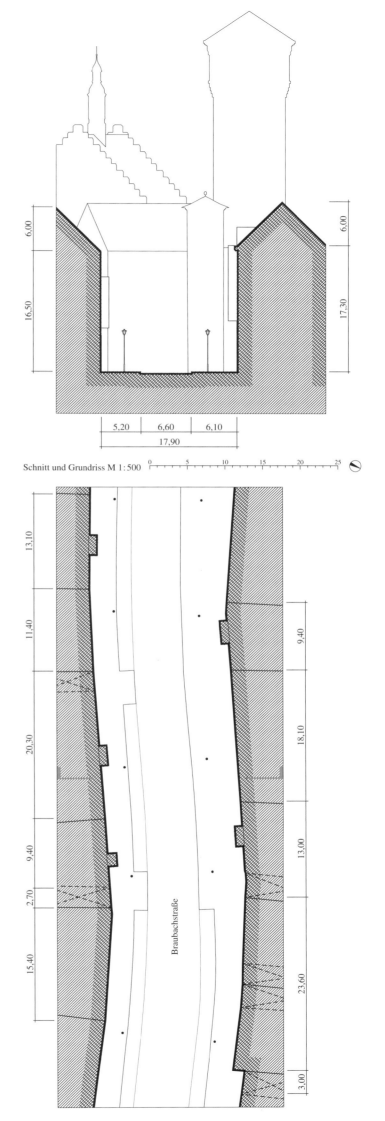

Schnitt und Grundriss M 1 : 500

Braubachstraße

FRANKFURT AM MAIN GÜNTHERSBURGALLEE

Die Straße liegt in einem gründerzeitlichen Stadtquartier und ist von viergeschossigen Wohnhäusern mit einer durchschnittlichen Höhe von 17 Metern umgeben. Alle Häuser der ursprünglichen Planung haben schiefergedeckte Mansarddächer, die von Zwerchgiebeln unterbrochen werden und die wahrnehmbare Höhe der Straßenfassaden erweitern. An den seitlich liegenden Hauseingangsfassaden lässt sich der Unterschied zwischen einer architektonisch gestalteten Straßenfassade und den vereinfachten Rückfassaden deutlich ablesen. Die Allee mit einer Gesamtbreite von über 50 Metern ist mit einem 20 Meter breiten zentralen Grünstreifen versehen, der als Erholungsfläche dient. Entsprechend weisen die Straßenfassaden der Häuser großzügige Erker und Balkone auf, die auf das Grün des Parks ausgerichtet sind sowie darüber hinaus das Straßenbild gliedern und rhythmisieren. Um den Parkcharakter der Straße zu unterstreichen, erweitert sich die Allee in ihrem Zentrum auf fast 90 Meter Breite. **Derartige Alleen sind Vorbild für einen städtebaulich geordneten und repräsentativen Erholungsraum im Zentrum eines Stadtquartiers. Die mit Erker und Balkon ausgestattete Wohnung am Rande derartiger Straßenräume ist mit ihrer zentralen Lage im städtischen Raum mehr als nur Ersatz für das Wohnen in einer Wohnanlage am Stadtrand. Zugleich fungieren diese Parkräume als „grüne Lunge" und dienen mit ihren freien Raumquerschnitten zwischen Straßenwand und Allee als Luftschneise im städtischen Raum.**

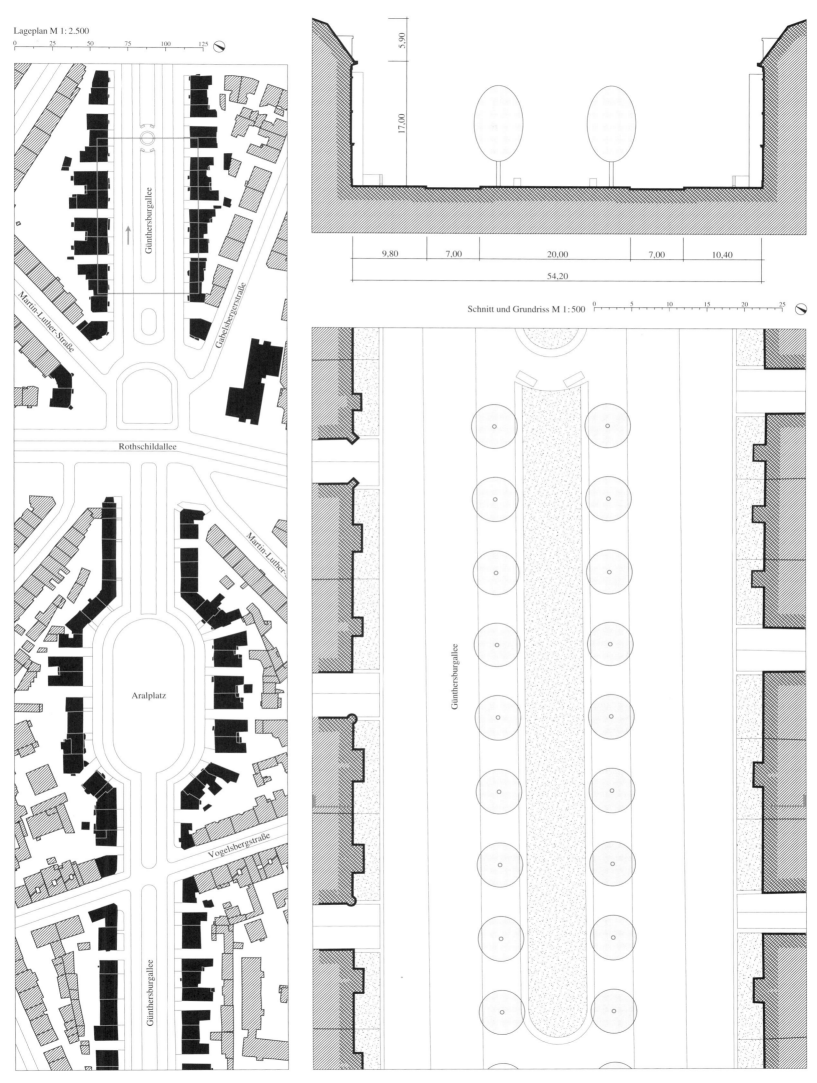

Lageplan M 1 : 2.500

0 25 50 75 100 125

Günthersburgallee

Martin-Luther-Straße

Gabelsbergerstraße

Rothschildallee

Martin-Luther-

Aralplatz

Vogelsbergstraße

Günthersburgallee

5,90

17,00

9,80 7,00 20,00 7,00 10,40

54,20

Schnitt und Grundriss M 1 : 500

0 5 10 15 20 25

Günthersburgallee

FRANKFURT AM MAIN
RUPPERTSHAINER STRASSE

Die Ruppertshainer Straße ist die zentrale Straße der Alten Hellerhofsiedlung im Frankfurter Stadtteil Gallus. Beiderseits wird die Quartiersstraße von je einer Reihe Alleebäumen gesäumt, die zwischen den heckenbepflanzten niedrigen Grenzmauern zum Bürgersteig und den großzügigen Vorgärten stehen. **Stadträumlich zeichnet sich die rhythmisierte Stellung der Straßenbäume dadurch aus, dass sie sich als Paar jeweils links und rechts der Zuwegungen zu den Häusern befinden und damit den Zufahrtsweg zu je zwei Häusern als eine Art Tor einfassen.** Dabei stehen sie auf den privaten Grundstücken.

Die Häuser haben ein Hochparterre, was sie sehr großstädtisch erscheinen lässt. Konsequent fügen sich die Eckhäuser (1) zur diagonal angelegten Rebstöcker Straße in die städtebauliche Ordnung ein; ihre Giebel sind beiderseits auf den jeweiligen Straßenraum ausgerichtet. Bürgersteig und Straße weisen das gleiche Kopfsteinpflaster auf. Letzteres, die Baumreihen und die tiefen Vorgärten sowie das Verhältnis von Gebäudehöhe zur Straßenbreite verleihen dem Straßenraum einen großstädtischen Siedlungscharakter. **Die Ruppertshainer Straße ist ein Beispiel für eine offene Bebauung mit standardisierten Doppelhäusern, in dem erkennbar wird, wie mit einer einfachen städtebaulichen Ordnung, einheitlichen Hausabständen und Straßenfluchten, einer geordneten Baumbepflanzung und der klaren Trennung des öffentlichen Straßenraums vom privaten Gartenraum ein charaktervoller, schöner Straßenraum entwickelt werden kann.**

Lageplan M 1:2.500

Frankenallee

Schloßborner Straße

Rebstöcker Straße

Eppenhainer Straße

Ruppertshainer Straße

Idsteiner Straße

Lorsbacher Straße

Langenhainer Straße

Hornauer Straße

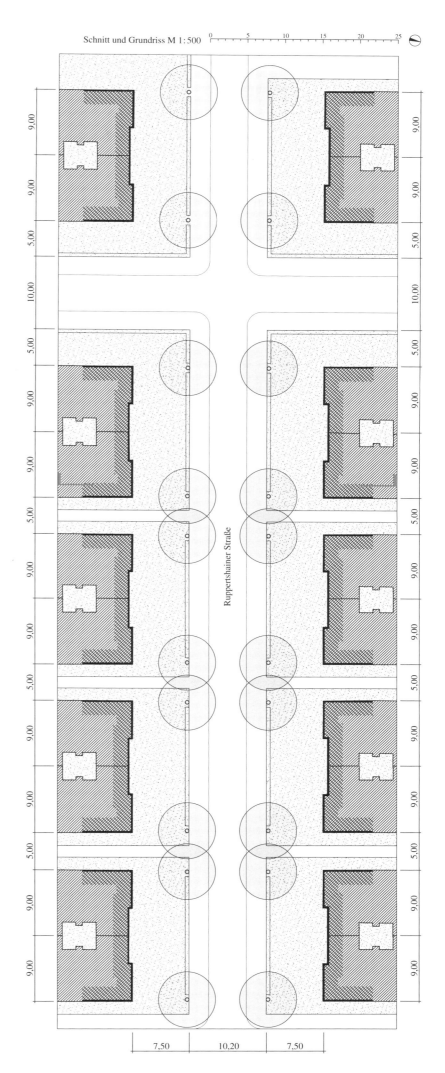

Schnitt und Grundriss M 1:500

5,30

8,30

7,50 | 2,60 | 5,00 | 2,60 | 7,50

25,20

9,00
9,00
10,00
5,00
9,00
9,00
5,00
9,00
9,00
5,00
9,00
9,00

Ruppertshainer Straße

7,50 | 10,20 | 7,50

FREIBURG KAUFHAUSGÄSSLE

Das nur 1,70 Meter schmale Kaufhausgässle verbindet den Münsterplatz mit der Schusterstraße und im weiteren Verlauf über die Augustinergasse mit dem Augustinerplatz. **Am Münsterplatz endet die Gasse an der offenen Arkade des am Platz hervortretenden Historischen Kaufhauses und führt direkt auf dessen die Hausecke betonenden Erker zu. Dadurch wird dieser zum Fluchtpunkt der gerade verlaufenden Gasse. Der Eckerker ist bereits von Weitem wahrnehmbar, er kündigt das Ende der Gasse an und scheint diese optisch abzuschließen. Durch seine Anordnung auf der**

rechten Seite wird der Blick des die Gasse passierenden Fußgängers nach links, in Richtung Münsterturm, gelenkt. Das Beispiel steht für eine gebaute städtebauliche Enge auf einer Länge von nur knapp 40 Metern, deren Ende städtebaulich durch einen in die Gasse hineinragenden Erker hervorgehoben wird, was die Spannung des Sich-Öffnens zum Platz hin steigert. In der Dunkelheit signalisiert das Licht einer an der Hauswand angebrachten Ecklaterne das Gassenende. Im Inneren des Erkers dagegen überblickt der Betrachter nicht nur den Münsterplatz, sondern schaut auch in den schmalen Raum der Gasse. Die diesen Raum begrenzenden zwei- bis viergeschossigen Gebäude sind mit ihren Eingangsfassaden zur Schusterstraße beziehungsweise zum Münsterplatz ausgerichtet. Die seitlichen Hausfassaden zum Kaufhausgässle weisen unterschiedlich farbigen Putz auf und sind mit nur wenigen Öffnungen, Türen

oder Fenstern versehen. Das leicht erhöhte Erdgeschoss wird über wenige Stufen erschlossen, die etwas in die Gasse hineinragen und diese an jenen Stellen weiter verschmälern. Aufgrund ihrer geringen Breite ist die Gasse ausschließlich für Fußgänger vorgesehen und nicht befahrbar. Das kleinteilige Straßenpflaster, die geringe Breite in Bezug auf die Gebäudehöhen sowie die Bögen implizieren eine starke Flucht und ein spannendes Raumerlebnis.

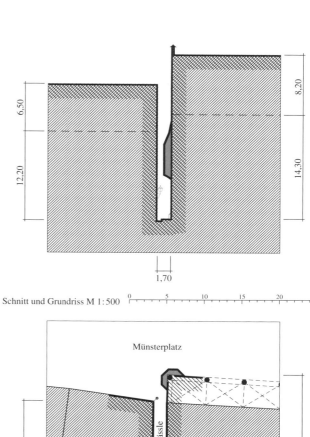

Lageplan M 1: 2.500

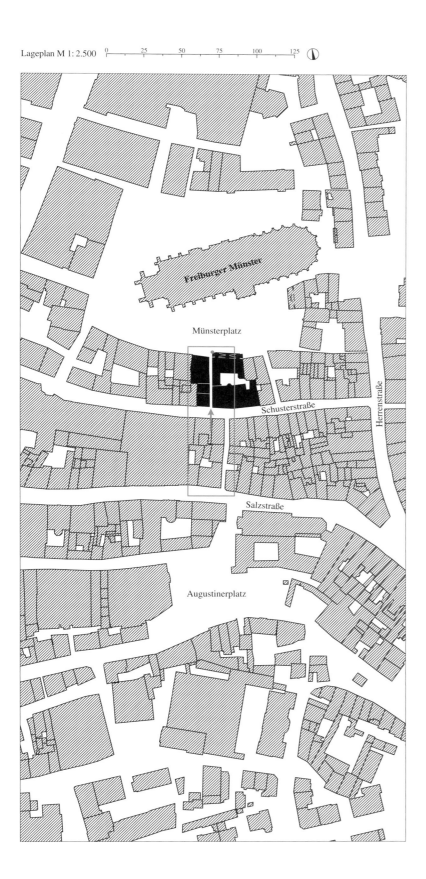

Schnitt und Grundriss M 1:500

HALLE (SAALE)
GROSSE ULRICHSTRASSE

Die Große Ulrichstraße führt vom Markt hangabwärts zum ehemaligen Ulrichstor im Norden. Aufgrund topografischer Unebenheiten und alter Siedlungsteile verläuft die Straße mehrfach gekrümmt, die Häuser wurden dieser Form hinsichtlich ihrer Anordnung entsprechend angepasst. **Dieses Beispiel verdeutlicht, wie eine Krümmung den Straßenraum optisch schließt und sich dem Betrachter im Verlauf der Straße auf diese Weise immer neue Ansichten sowie ein intensives räumliches Wechselspiel zwischen Fassaden und Straßenraum darbieten.** Der gekrümmte Straßenverlauf hebt die Wirkung der differenziert gestalteten Hausfassaden hervor und fokussiert den Blick auf unterschiedlichste Elemente wie Giebel, Lisenen, Gesimse, Erker und Ornamente. Vor allem die an den Krümmungen und Ecken der Straße angebrachten Erker geben aus dem Inneren der Wohnungen Blicke in verschiedenste Richtungen frei und leiten aufgrund ihrer Positionierung den Passanten durch den Straßenraum. Diese Wegeführung wird durch die Straßenbahngleise optisch verstärkt. Auch die parallel zu den Hausfassaden verlaufenden Bürgersteige nehmen die Krümmung der Straße auf. Sie sind mit großformatigen Granitplatten und kleinteiliger Pflasterung belegt und werden von einem kräftigen Granitbordstein abgeschlossen. Mit etwa elf Metern ist die Straße sehr schmal und wird von drei- bis viergeschossigen traufständigen Gebäuden eingefasst. Heller Naturstein und überwiegend beigefarbener Putz bilden die dominierenden Fassadenmaterialien und eine optische Einheit.

Lageplan M 1 : 2.500

0 25 50 75 100 125

Marktplatz

Große Steinstraße

Große Ulrichstraße

Schulstraße

Dachritzstraße

Universitätsring

Moritzburg

6,90

11,80

7,70

12,60

2,00   6,90   2,00

10,90

Schnitt und Grundriss M 1 : 500

0 5 10 15 20 25

Dachritzstraße

Große Ulrichstraße

Spiegelstraße

Bölbergasse

25,80

5,80

18,30

7,40

12,10

5,00

14,00

20,50

13,00

12,60

HAMBURG COLONNADEN

Die Hamburger Colonnaden liegen an der Binnenalster und verbinden den Jungfernstieg mit der Esplanade. **Ähnlich der Berliner Friedrichstraße** (siehe Seite 38) **sind die Colonnaden Beispiel für eine großstädtische, mit knapp 15 Metern eher schmal angelegte Straße, die für den Fußgänger mit einem überdeckten, witterungsgeschützten Gehsteig mit großzügigen Ladeneinheiten verbreitert ist. Zugleich wird der fünfgeschossige, aus individuellen Häusern bestehende Straßenraum durch den gleichmäßigen Rhythmus der zweigeschossigen Arkaden gestalterisch zusammengefasst,** so dass die unterschiedlichen Häuser mit ihren bis zu 40 Meter langen Straßenfassaden vom Betrachter optisch als Einheit wahrgenommen werden. Die im Lageplan erkennbaren verwinkelten Grundstückszuschnitte und die daraus resultierenden dreieckigen Hausgrundrisse verdeutlichen den bewussten Einsatz dieser städtebaulichen Einheit im Straßenbild. Die merkwürdigen Zuschnitte sind das Ergebnis eines Straßendurchbruchs. Es handelt sich hier, wie in Potsdam (siehe Seite 100) oder in Münster (siehe Seite 96), um die Reihung einheitlicher Haustypen, die mit unterschiedlichsten Putzfassaden und verschieden ausgeprägten Ornamenten sowie in den Straßenraum hineinragenden plastischen Gesimsen und Fenstergiebeln einen jeweils eigenen Charakter im Straßenbild aufweisen.

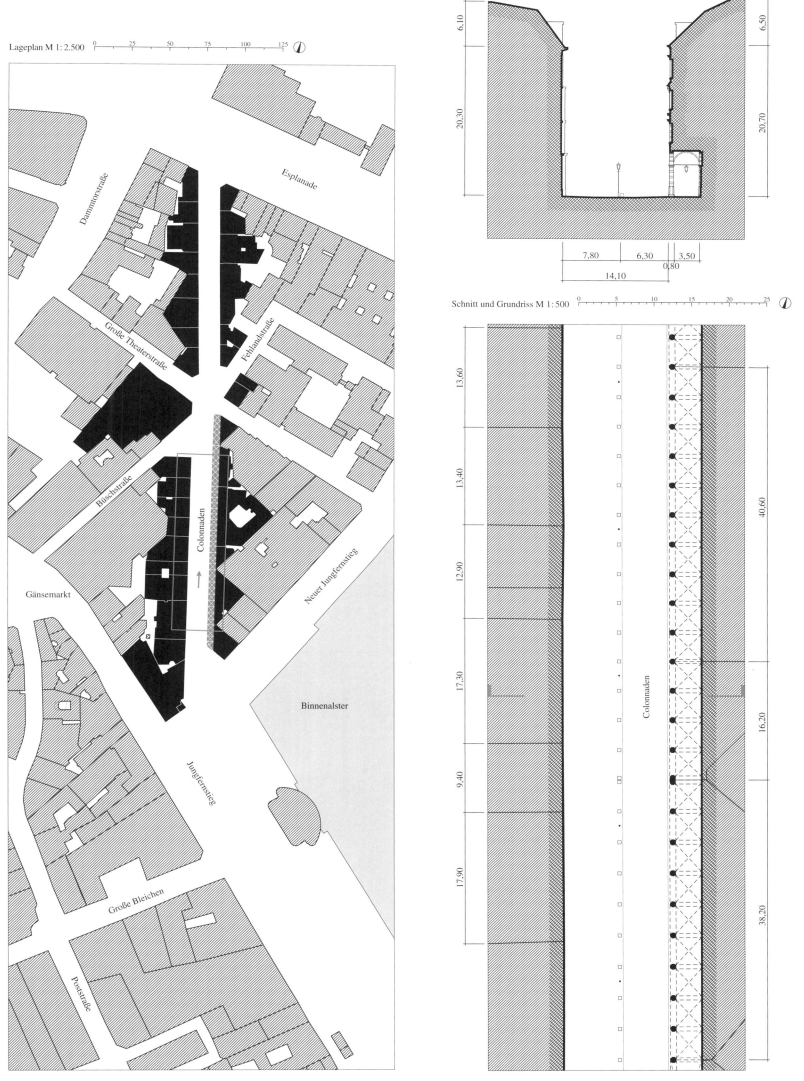

Lageplan M 1:2.500

0 25 50 75 100 125

Dammtorstraße

Esplanade

Große Theaterstraße

Fehlandstraße

Büschstraße

Colonnaden

Gänsemarkt

Neuer Jungfernstieg

Binnenalster

Jungfernstieg

Große Bleichen

Poststraße

6,10

6,50

20,30

20,70

7,80   6,30   3,50

0,80

14,10

Schnitt und Grundriss M 1:500

0 5 10 15 20 25

13,60

40,60

13,40

Colonnaden

12,90

17,30

16,20

9,40

17,90

38,20

HAMBURG COLONNADEN

Der Arkadenraum ist durch seine hohe Wölbung und den Rhythmus der Gurtbögen in seiner Länge von 150 Metern stark gegliedert und entwickelt sich damit zu einem abwechslungsreich gefassten Raum, der als Durchgang wie als Aufenthaltsort genutzt wird. **Zugleich wird dieser städtische Raum auch in den ihn begleitenden Fassaden- wänden etwa durch Vor- und Rücksprünge abwechslungsreich strukturiert. Schon die abgehängten Laternen bieten dem Auge einen Rhythmus, der den Arkadenraum in überschaubare Ab- schnitte unterteilt. Vergleicht man das Bild der Colonnaden mit** dem Beispiel der Berliner Friedrichstraße (siehe Seite 40), so fällt zu- nächst das sehr unterschiedliche Raummaß auf. Beide Räume haben ihre eigene Schönheit. Und wenn den Colonnaden auch ein für die Qualität des Raums angemessener Bodenbelag zu fehlen scheint, so verleiht ihnen die abwechslungsreich gegliederte Schau- fensterfront doch eine sehr viel größere Spannung. **Der Betrachter geht, anders als in Berlin, von Abschnitt zu Abschnitt, von Laden zu Laden und erlebt den Raum mit jedem Mal in veränderter Form aufs Neue.** Im Straßenraum erscheint der breite Gehsteig auf der gegenüberliegenden Seite hinsichtlich seiner Funktion als Wider- spruch zu dem großzügigen, den Fußgängern vorbehaltenen öffentli- chen Raum der Arkade.

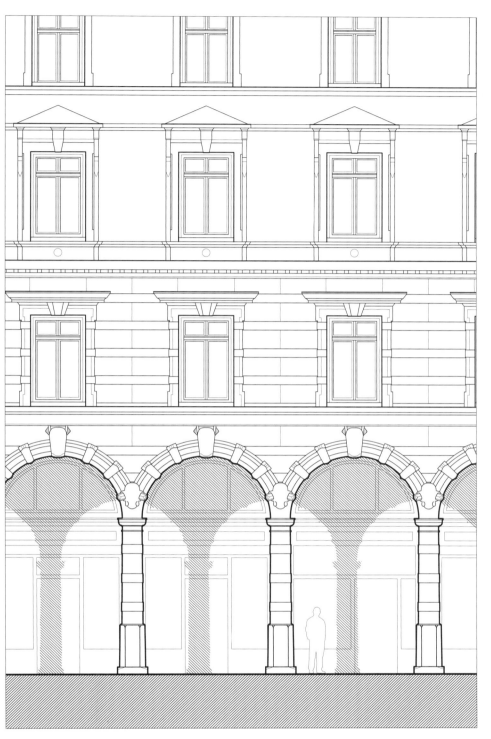
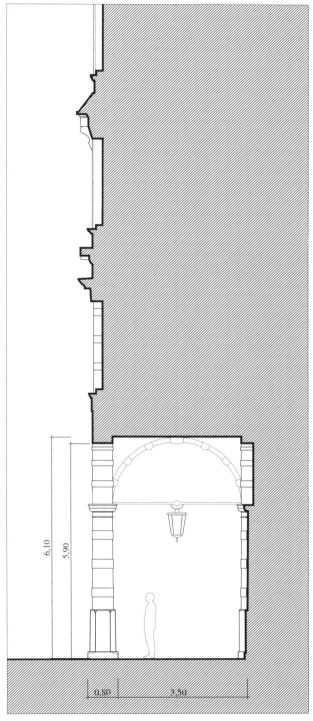

Ansicht, Schnitt und Grundriss M 1:100

0   1   2   3   4   5

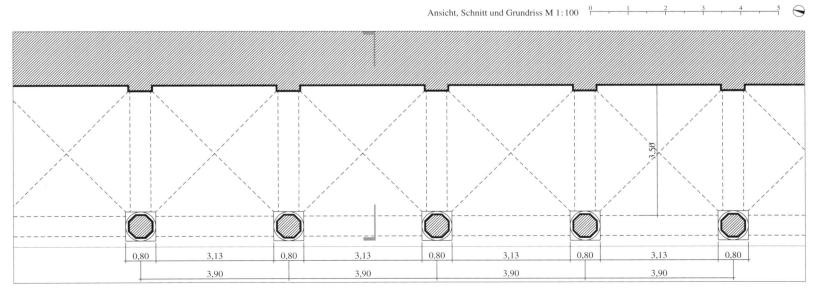

| 0,80 | 3,13 | 0,80 | 3,13 | 0,80 | 3,13 | 0,80 | 3,13 | 0,80 |

| 3,90 | 3,90 | 3,90 | 3,90 |

HAMBURG PALMAILLE

Das Straßenbild in diesem Abschnitt der Hamburger Palmaille prägen die repräsentativen, größtenteils klassizistischen Fassaden der überwiegend dreigeschossigen Bebauung. **Die hell verputzten Häuser stehen teils direkt, teils mit geringem Abstand nebeneinander in einer Flucht und rahmen einen 37 Meter breiten Straßenraum ein, in dessen Mitte sich ein fast 17 Meter breiter Grünraum mit einer Allee aus großkronigen Bäumen befindet.** Dieser mittig angeordnete Grünraum lädt zum Spazieren und Flanieren ein, kann in seiner Größe und Ausdehnung mit einer Länge von 600 Metern aber auch (wie die Königsallee in Düsseldorf, siehe Seite 56) **als grüne Lunge im Stadtgebiet verstanden werden.** All dies gibt dem Straßenraum einen ruhigen, wohnlichen Charakter und erzeugt eine entschleunigende Situation, in der primär der Fußgänger und die Allee und nicht der Autoverkehr im Fokus zu stehen scheinen. Die klassizistischen Bürgerhäuser entstanden am Ende des 18. Jahrhunderts und wurden teilweise vom dänischen Architekten Christian Frederik Hansen entworfen. Sie verleihen der Palmaille auch heute noch ihren ganz eigenen städtischen Charakter. **Obwohl die Wohnhäuser oft in Bürobauten umgewidmet worden sind, fungiert die Straße bis heute als repräsentative Allee und muss in ihrer Dimension und einfachen Ausgestaltung als gutes Beispiel für die Neukonzeption eines Straßenraums hervorgehoben werden.**

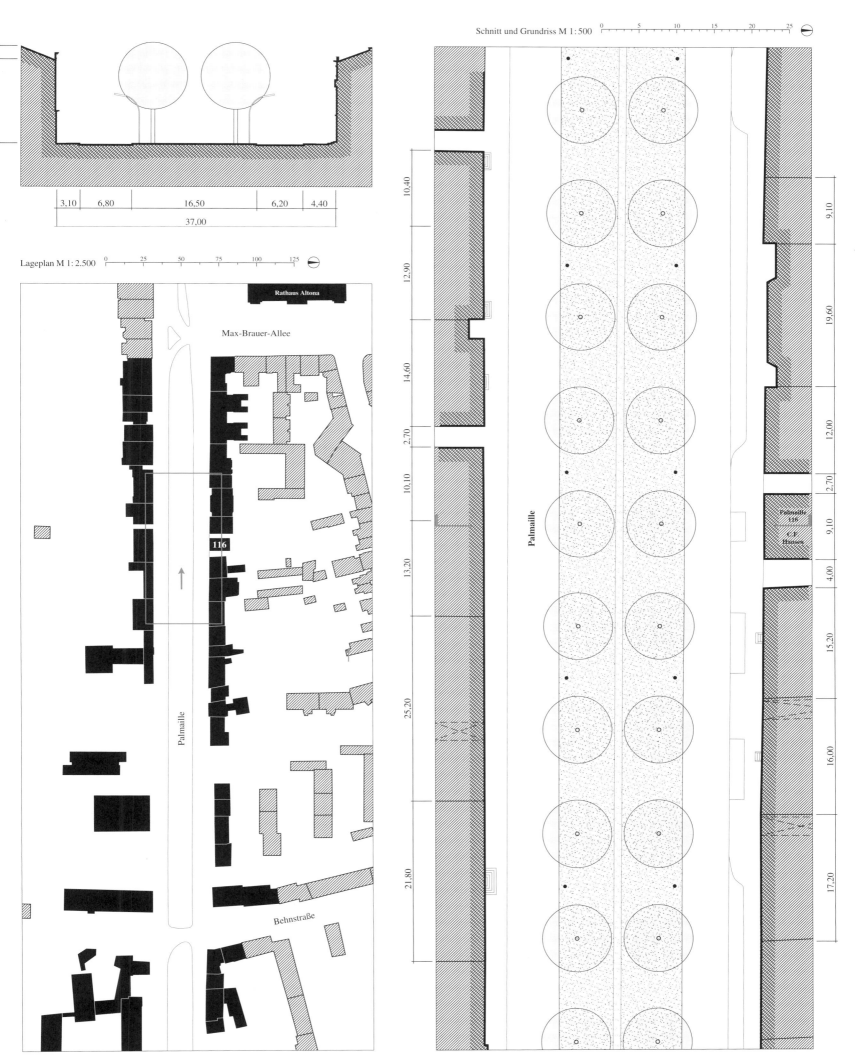

3,10 | 6,80 | 16,50 | 6,20 | 4,40

37,00

Lageplan M 1 : 2.500

0 25 50 75 100 125

Rathaus Altona

Max-Brauer-Allee

Palmaille

116

Behnstraße

Schnitt und Grundriss M 1 : 500

0 5 10 15 20 25

Palmaille

10,40

12,90

14,60

2,70

10,10

13,20

25,20

21,80

9,10

19,60

12,00

2,70

9,10

4,00

15,20

16,00

17,20

Palmaille
116

C.F.
Hansen

HEIDELBERG DA-VINCI-STRASSE

Die Bebauung an der Da-Vinci-Straße in Heidelberg von Stephan Höhne ist ein erstes Beispiel, bei dem eine städtische Wohnungsbaugesellschaft, die GGH in Heidelberg, die Fassaden einer Wohnbebauung in den städtischen Raum hinein bewusst unterschiedlich gestaltet hat. **Die Besonderheit besteht darin, dass die Straßenfassaden der Bebauung, die den gesamten Block umfasst und von einem Architekten entworfen ist, unterschiedlich gestaltet sind, während die Hoffassaden auf der Rückseite in den Block hinein eine architektonische Einheit bilden. Damit erhält jede Hauseinheit, die durch** ein Treppenhaus mit Eingang zur Straße definiert ist, ihren eigenen Charakter. Die Bewohner haben so die Möglichkeit, sich mit „ihrem" Haus zu identifizieren, eine Chance, die Grundlage eines jeden städtebaulichen Konzepts sein sollte. Zugleich erhält der städtische Straßenraum damit seine eigene Identität im Stadtquartier. Vergleicht man den städtebaulichen Zuschnitt und die Größe des Blocks, in den die Bebauung gesetzt wurde, mit Plänen des 19. und frühen 20. Jahrhunderts (Hofräume), so wird deutlich, dass es mit der „Durchwegung" eine Aufhebung der Trennung zwischen öffentlichen und privaten Räumen gibt und dass die Häuser ohne eigene Höfe konzipiert sind. Beides entspricht typischen städtebaulichen Vorgaben unserer Zeit. Würde die Wohnbebauung mit sich in die Tiefe des Blocks erstreckenden Flügelhäusern errichtet, könnte jedes einzelne zur Straße sichtbare Haus auch einen eigenen Hof als Ergänzung zum Wohnraum erhalten (Hofräume).

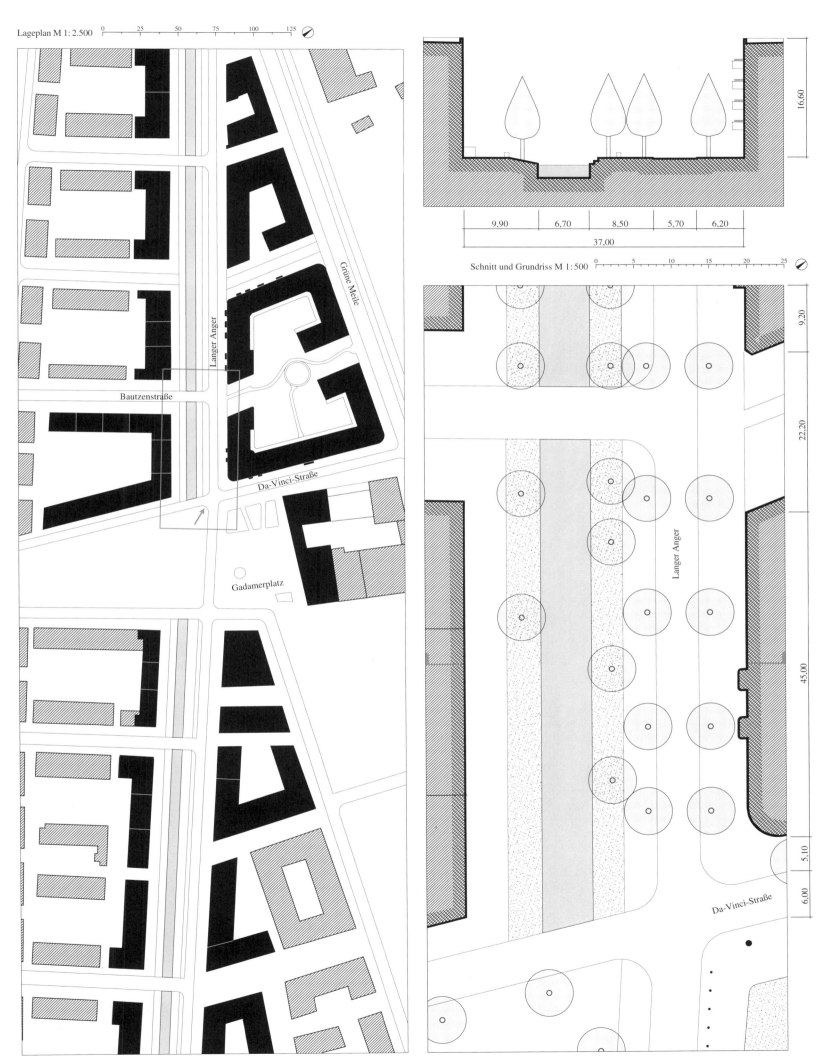

Lageplan M 1 : 2.500

0 25 50 75 100 125

Grüne Meile

Langer Anger

Bautzenstraße

Da-Vinci-Straße

Gadamerplatz

Schnitt und Grundriss M 1 : 500

0 5 10 15 20 25

16,60

9,90 6,70 8,50 5,70 6,20

37,00

9,20

22,20

45,00

5,10

6,00

Langer Anger

Da-Vinci-Straße

HEIDELBERG GROSSE MANTELGASSE

Die mit 6,80 Meter schmale Straße verbindet in leicht geschwungener Form den Neckar mit dem dreieckig geformten Heumarkt und dem Universitätsplatz. In Richtung Universitätsplatz leicht ansteigend, erzeugt sie eine perspektivische Wirkung, die durch die Enge und den ungeraden Verlauf noch verstärkt wird. Den perspektivischen Hochpunkt, der beim Durchqueren der Straße wahrgenommen wird, bildet in diesem Bereich der Turm des Universitätsmuseums vor dem Hintergrund des Odenwalds. Verglichen mit den Parallelstraßen ist die Große Mantelgasse deutlich breiter. Die schmalen Blöcke zwischen den einzelnen Gassen sind kleinteilig parzelliert. Eingefasst wird die Gasse von drei- bis viergeschossigen, eher schmalen und tiefen Häusern, die eine geschlossene Straßenrandbebauung traufständig zur Straße hin ausrichtet. Die Putzfassaden sind regelmäßig gegliedert und mit abgesetzten Fenstereinfassungen und Gesimsen zurückhaltend ornamentiert. Auffällig ist, wie der Straßenraum nach oben durch das Auskragen der Traufgesimse abgeschlossen wird. Bei den Wohnhäusern findet man im Erdgeschoss vielfach Hochparterrewohnungen. **Die Mantelgasse ist in ihren Dimensionen von Breite zu Höhe ein Beispiel, das mit einer etwas weniger dichten Bebauung innerhalb der Blöcke als Vorbild für eine kurze Gassenbebauung im Bereich eines neuen Stadtquartiers stehen kann.**

Lageplan M 1:2.500

0 25 50 75 100 125

Peterskirche

Neue Universität

Jesuitenkirche

Universitätsplatz

Hauptstraße

Heumarkt

Große Mantelgasse

Marstallhof

Neckarstaden

Neckar

5,40

4,50

9,20

9,50

1,00 3,40 2,40

6,80

Schnitt und Grundriss M 1:500

0 5 10 15 20 25

12,50

4,30

16,00

12,50

7,10

12,90

7,70

9,00

Große Mantelgasse

5,20

6,80

6,70

7,40

4,10

8,80

7,80

4,70

10,90

6,30

3,70

5,30

6,10

10,70

8,50

KARLSRUHE STEPHANIENSTRASSE

Die Stephanienstraße, eine Straße des Karlsruher Straßenfächers, verläuft zwischen dem Botanischen Garten und dem Kaiserplatz. Regelmäßig gegliederte Fassaden einer zwei- bis dreigeschossigen Randbebauung mit weißen Fenstern und Fensterläden prägen das einheitliche Gesamtbild der Häuserzeilen zwischen der Staatlichen Münze an der Ecke Karlstraße sowie dem Botanischen Garten und erzeugen einen wohnlichen Charakter im Straßenraum. Prägend sind auch die Tore, die als Hofdurchfahrten für Gewerbeeinheiten im Hofinneren fungieren und durchweg seitlich der Hochparterrefassaden angeordnet sind.

Die Eingänge zu den Häusern befinden sich hinter den großen Toren in der Hofdurchfahrt. Ein niedriger, teilweise verputzter Sandsteinsockel gibt der Häuserreihe einen unteren Abschluss, die weit auskragende durchgehende Traufe einen oberen Abschluss zum Dach, auf dem sich regelmäßig angeordnete Gauben befinden. Differenzierung und Individualität werden durch die unterschiedlichen pastellfarbenen Putze der Fassaden erzeugt. **Die in einer Flucht ausgerichtete gerade Straße läuft an ihrem östlichen Ende auf den Kuppelbau des Botanischen Gartens zu und erhält mit diesem auf die Achse der Stephanienstraße ausgerichteten Zielgebäude einen räumlichen Abschluss. Ein ähnliches Zielgebäude stellt der zentrale Bau der alten Staatlichen Münze an der Ecke zur Karlstraße dar. Derartige Zielgebäude fördern die Orientierung im städtischen Raum und sind ein im Städtebau wiedereinzuführendes Ordnungselement.**

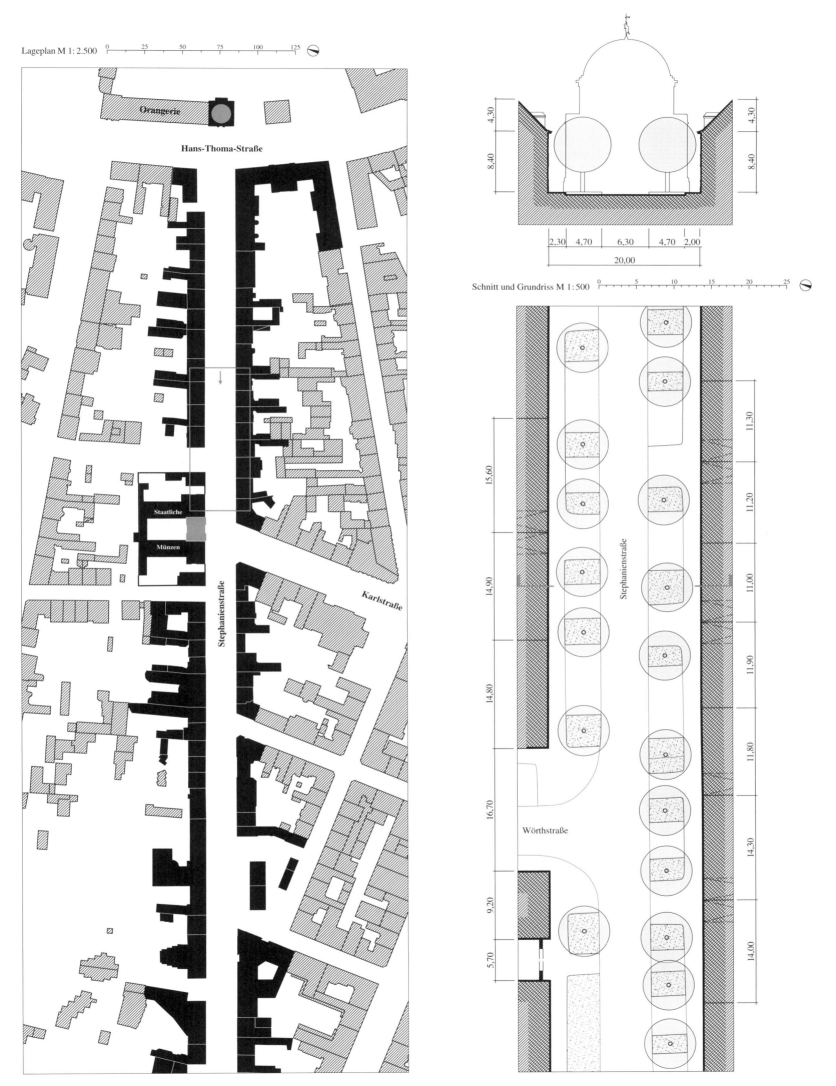

Lageplan M 1:2.500

Orangerie

Hans-Thoma-Straße

Staatliche

Münzen

Stephanienstraße

Karlstraße

Schnitt und Grundriss M 1:500

4,30

8,40

4,30

8,40

2,30   4,70   6,30   4,70   2,00

20,00

15,60

14,90

14,80

16,70

9,20

5,70

11,30

11,20

11,00

11,90

11,80

14,30

14,00

Stephanienstraße

Wörthstraße

Schnitt und Grundriss M 1:500

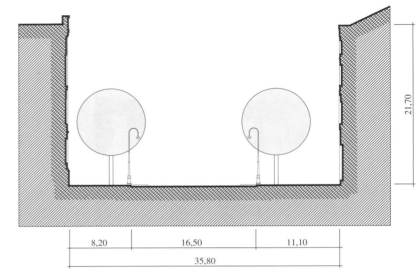

KÖLN
RINGE

Die Kölner Ringe, von Josef Stübben konzipiert, weisen unterschiedlichste Straßenquerschnitte mit städtebaulich voneinander abweichen-
den Raumcharakteren auf. Sie wurden nach Abriss der Befestigungs-
anlagen am Ende des 19. Jahrhunderts als eine Art Sammelstraße mit
Boulevardcharakter in einer Länge von 7,5 Kilometern um die alte Stadt
gelegt. **Die Ringe vernetzen die Altstadtstraßen mit den neu angelegten Quartieren, indem das Straßennetz der Altstadt in den
Straßen der Neustadt weitergeführt wird. Diese Vernetzung erfolgt
fast an jeder Stelle des Rings.** Der städtebauliche Charakter der
Weiterführung bestehender Systeme ist trotz Kriegszerstörung bis
heute deutlich erkennbar und beispielhaft für den Anschluss neuer
Stadtquartiere an das Straßennetz der Stadt.

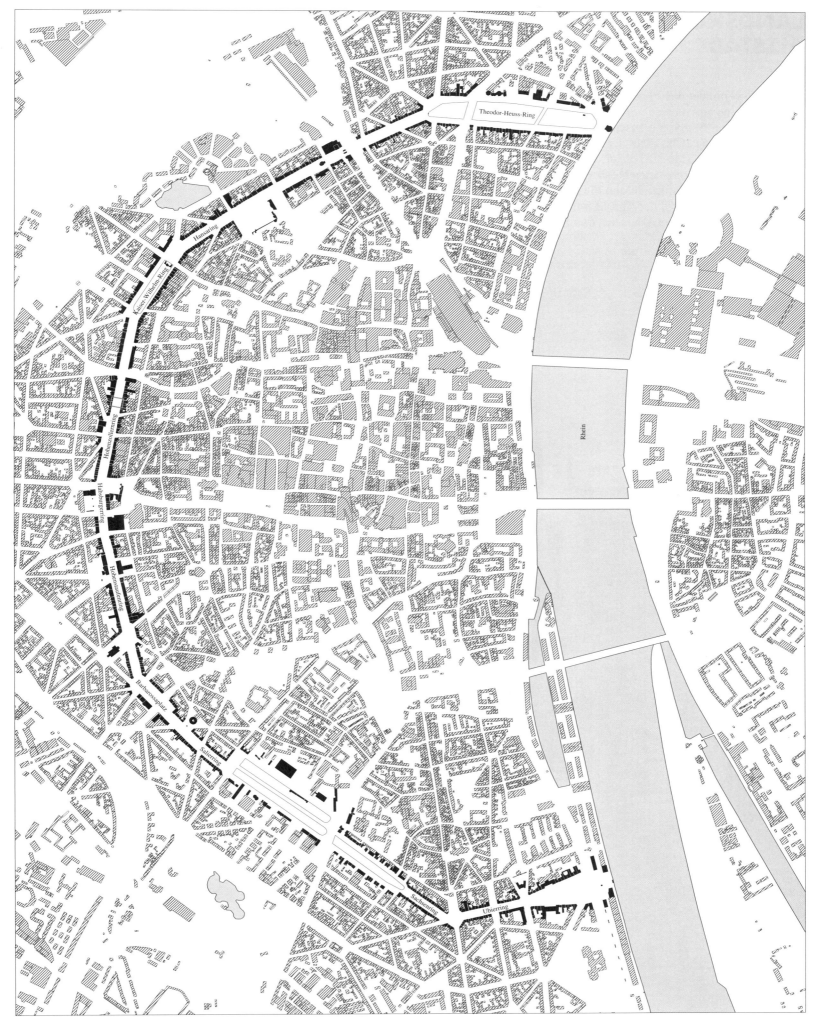

Theodor-Heuss-Ring

Hansaring

Kaiser-Wilhelm-Ring

Hohenzollernring

Habsburgerring

Hohenstaufenring

Rhein

Barbarossaplatz

Salierring

Sachsenring

Ubierring

LANDSHUT
ALTSTADT

Die Straße verbindet den Fluss Isar mit dem Dreifaltigkeitsplatz und wird durch eine geschlossene Straßenrandbebauung, die überwiegend giebelständig zur Straße hin ausgerichtet ist, räumlich gefasst. Leicht geschwungen ist die 26 bis 30 Meter breite Straße mit größtenteils drei- bis viergeschossigen Häusern bebaut, die auf schmalen, tiefen Parzellen angeordnet sind. Die verputzten Fassaden weisen unterschiedliche Giebelformen auf. **Hochpunkte bilden die Backsteintürme der Kirche St. Martin im Süden und der Spitalkirche Heilig Geist im Norden. Während die Heilig-Geist-Kirche das Straßenende an der Isar**

signalisiert, unterteilt der in die Höhe aufstrebende Backsteinturm der Stiftsbasilika St. Martin die 700 Meter lange Straße zwischen Isar und Dreifaltigkeitsplatz und scheint diese Länge mit dem Hineinschieben des Bauwerks in den Straßenraum optisch zu verkürzen. Die städtebaulichen Besonderheiten der „Altstadt" in Landshut beinhalten städtebauliche Ordnungsprinzipien, deren Qualitäten in Übertragung auf heutige Bedürfnisse Anwendung finden können. Wie die Segringer Straße in Dinkelsbühl (siehe Seite 50) ist die Altstadtstraße in Landshut Beispiel für ein Quartierszentrum, das als stadträumliche Einheit in unsere Zeit übertragbar ist.

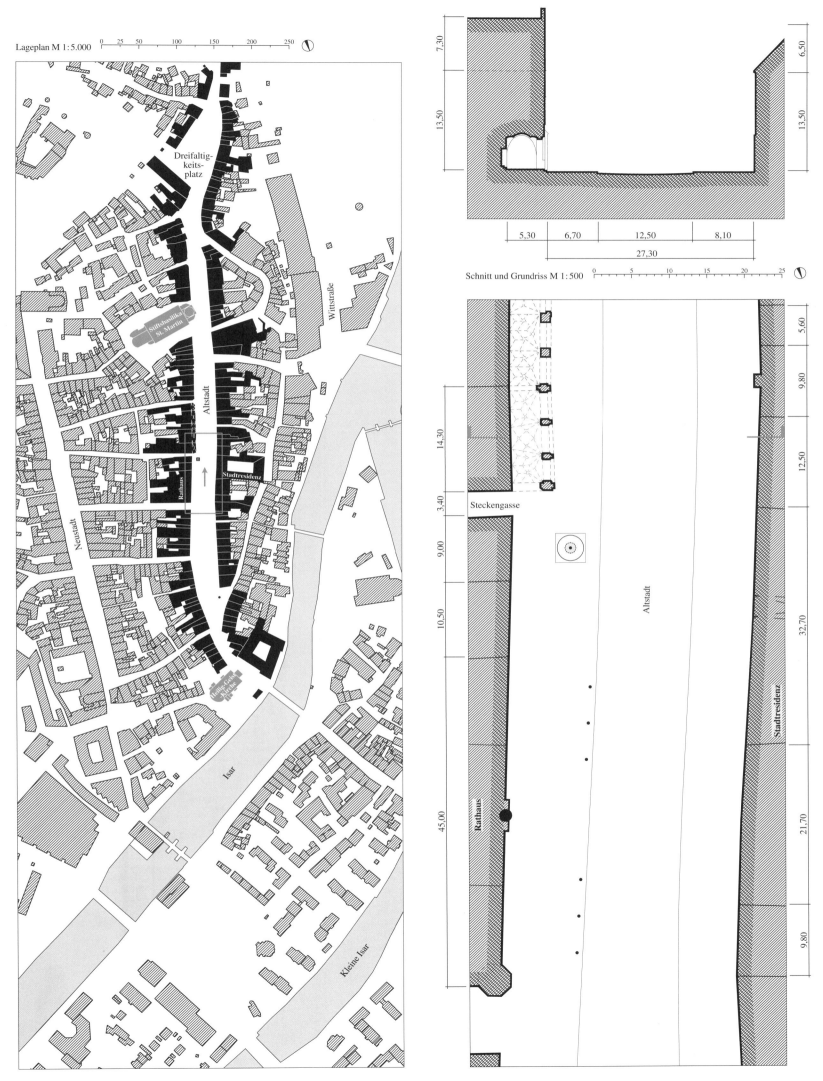

Lageplan M 1 : 5.000

Dreifaltig-
keits-
platz

Stiftsbasilika
St. Martin

Wittstraße

Altstadt

Neustadt

Rathaus

Stadtresidenz

Heilig-Geist-
Kirche

Isar

Kleine Isar

Schnitt und Grundriss M 1 : 500

7,30

13,50

6,50

13,50

5,30   6,70   12,50   8,10

27,30

5,60

9,80

14,30

12,50

Steckengasse

9,00

Altstadt

Stadtresidenz

10,50

32,70

45,00

Rathaus

21,70

9,80

LEIPZIG FUNKENBURGSTRASSE

Die geschlossene Straßenrandbebauung der Funkenburgstraße formt eine zentrale gerade Achse, deren Ende im Norden durch die Baumwand des Elstermühlengrabens markiert ist. Regelmäßig gesetzte Erker, entweder mittig oder im Doppel seitlich angeordnet, strukturieren die Straße und prägen das Motiv des Straßenraums mit der Wiederholung dieses städtebaulichen Elements. Die weitgehend durchgehende Traufe der viergeschossigen Bebauung unterstreicht die Zentralität und den Ensemblecharakter der Straße. Die Makrostruktur wird durch die einheitliche Geschossigkeit, den weitgehend einheitlich hellen

Pastellton des Putzes, die schwarzen, mit Kämpfern versehenen Fenster sowie den Rustikasockel gebildet. Gesimsbänder verbinden die einzelnen Häuser zu einer Gesamtstraßenfassade. Hinsichtlich der Mikrostruktur ist jede Fassade aber individuell und weist teils Mauerwerk oder Ornamente auf. Die Eckhäuser sind abgeschrägt und ebenfalls mit Erkern versehen. Sie beziehen sich aufeinander und bilden auf diese Weise symmetrische Kreuzungssituationen. **Die Bebauung wurde bis 1900 auf der Grundlage von festgelegten Gestaltungsbedingungen errichtet. Die Funkenburgstraße ist ein gelungenes Beispiel für die Idee der Vielfalt von Fassaden, die sich über den Einsatz von ähnlichen Haustypen und einer Gestaltungssatzung zu einem „Bauwerk Straße" entwickelt.**

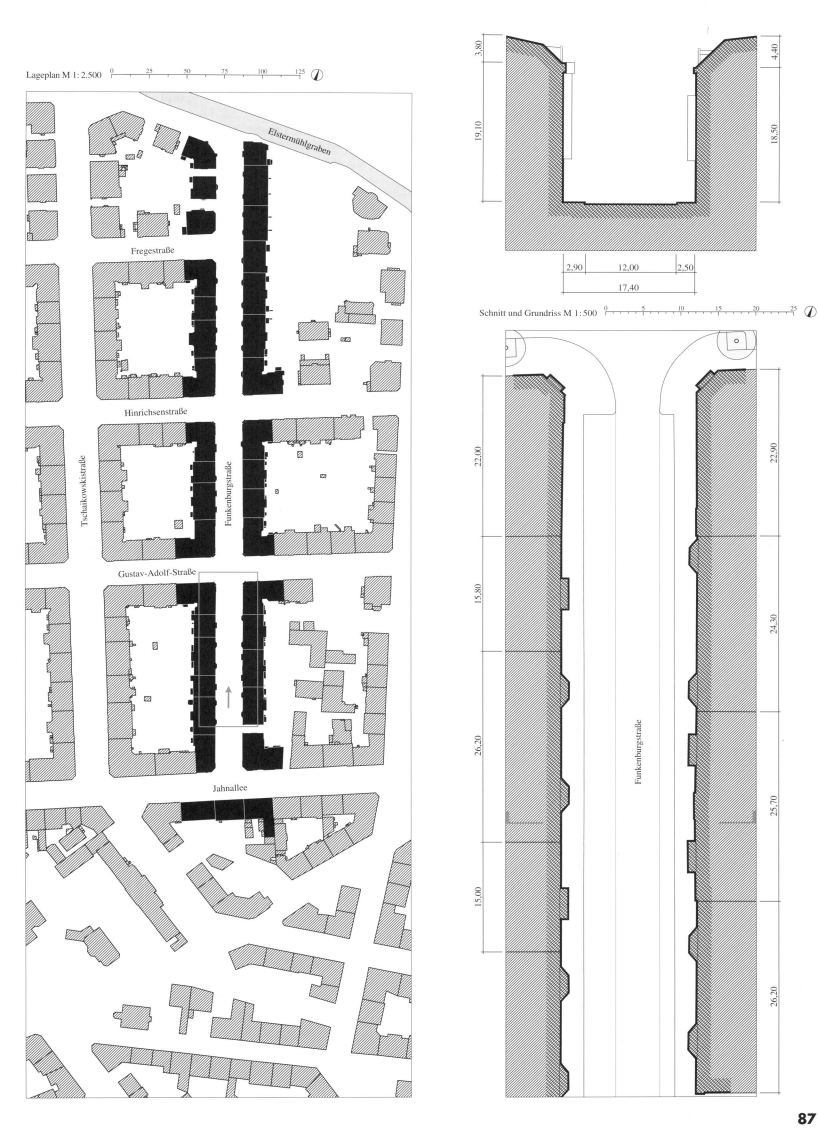

Lageplan M 1 : 2.500

Elstermühlgraben

Fregestraße

Hinrichsenstraße

Tschaikowskistraße

Funkenburgstraße

Gustav-Adolf-Straße

Jahnallee

Schnitt und Grundriss M 1 : 500

Funkenburgstraße

LINDAU
MAXIMILIANSTRASSE

Die Maximilianstraße ist die zentrale Straße der Insel Lindau. Sie verbindet den Bahnhofsplatz im Westen mit dem Marktplatz im Osten. Der in Blickachse liegende Turm des Münsters Unserer Lieben Frau / St. Marien bildet den Orientierungspunkt in der abknickenden Wegeführung zum Marktplatz. Je nach Standpunkt bietet der breite, leicht geschwungene Straßenraum unterschiedlichste und abwechslungsreiche Blickwinkel. **Am Bismarckplatz, der vom Rathaus der Stadt dominiert ist, verengt sich die Maximilianstraße durch in den Straßenraum hineingeschobene Arkaden. Diese Verengung ist Auftakt** der sich öffnenden Raumerweiterung und stellt eine spannungsvolle städtebauliche Situation dar. Dieses Beispiel spannungsreicher Verengung und Erweiterung städtischen Straßenraums wiederholt sich an der zu einem kleinen Platz verbreiterten Bürstergasse, an der Schafgasse sowie an der Bindergasse am Ende der Maximilianstraße im Osten. Der eingesetzte Arkadenvorbau ist ein stadträumliches Element, mit dessen Herausschieben aus der Straßenflucht Stadträume auf einfachste Weise begrenzt, verengt oder hervorgehoben werden können, ohne dass die Funktionsbreite der Straße dabei eingeschränkt werden muss.

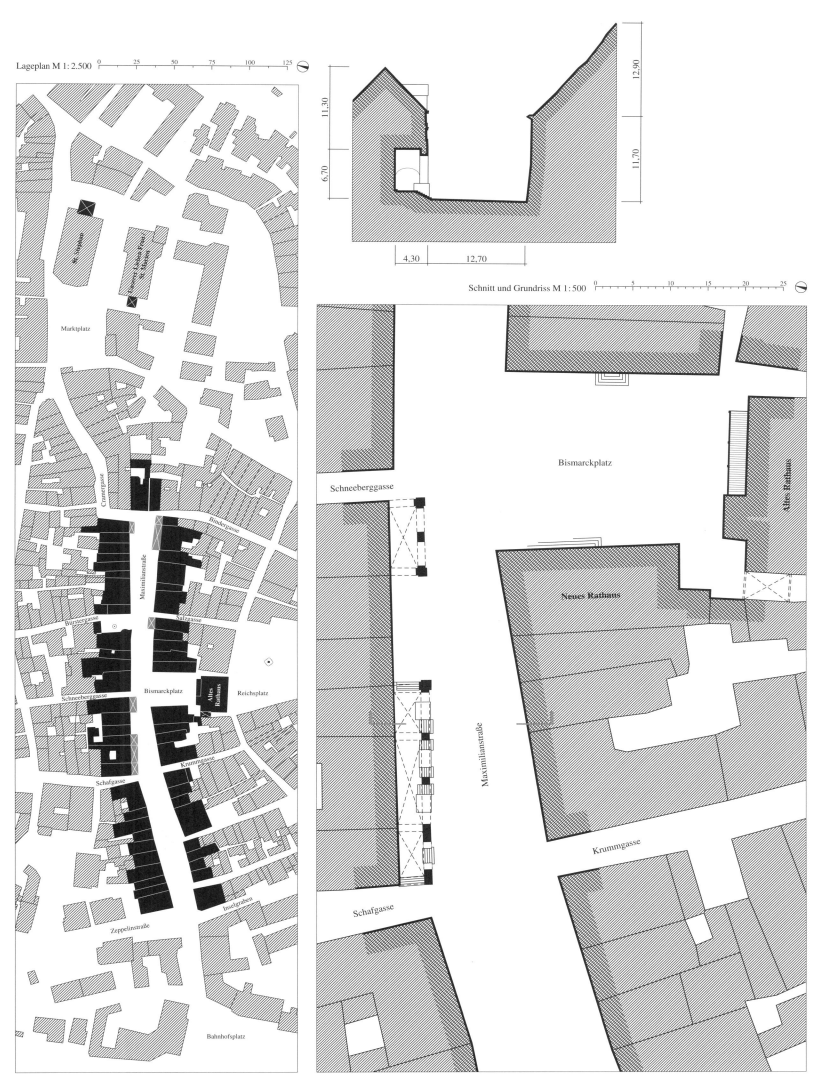

Lageplan M 1:2.500

0   25   50   75   100   125

Marktplatz

St. Stephan

Unsere Lieben Frau St. Marien

Cramergasse

Maximilianstraße

Bindergasse

Bürstergasse

Salzgasse

Schneeberggasse

Bismarckplatz

Altes Rathaus

Reichsplatz

Krummgasse

Schafgasse

Inselgraben

Zeppelinstraße

Bahnhofsplatz

11,30   6,70   12,90   11,70

4,30   12,70

Schnitt und Grundriss M 1:500

0   5   10   15   20   25

Schneeberggasse

Bismarckplatz

Altes Rathaus

Neues Rathaus

Maximilianstraße

Schafgasse

Krummgasse

89

ARKADEN
Höhe × Breite 5,50 × 3,20 Meter

LINDAU
MAXIMILIANSTRASSE

Die geschlossene Straßenrandbebauung hat individuell gestaltete Fassaden in unterschiedlichen Höhen und Farben. Die einzelnen Häuser stehen mit Giebeln oder Traufen zur Straße, wurden in verschiedensten Zeiten errichtet und weisen einfache Putzfassaden auf, die mit Natursteinelementen, kleinen Erkern, Krangauben, Dachgauben und hölzernen Fensterläden ausgestattet sind. **Das Beispiel zeigt, dass die Individualität der Architektur die Schönheit der Straße in keiner Weise stört, wenn der sich wiederholende Typus von Straßenfassaden, in diesem Fall sind es einfache Putzfassaden mit in sie** eingeschnittenen Fensteröffnungen, eine städtebauliche Einheit bildet. Zugleich trägt der an einigen Stellen in den Straßenraum hineingeschobene Typus des Arkadenhauses zum Raumcharakter der Straße bei. Im Beispiel des hier abgebildeten Arkadenraums ist vor allem sein Niveau von über einem Meter gegenüber der Straße hervorzuheben. Damit erhält der Raum im Vergleich zur ebenerdigen Arkade eine große Individualität und entwickelt mit seinem angehobenen Niveau einen weiten Überblick sowie eine gewisse Geborgenheit und Ruhe gegenüber einer verkehrsreichen Straße. Im Beispiel der Arkaden im Opernturm in Frankfurt am Main (Platzräume) sind es nur drei Stufen, die diese Geborgenheit vermitteln und dazu geführt haben, dass dort trotz des Verkehrslärms der Straße Restauranttische aufgestellt wurden.

Ansicht, Schnitt und Grundriss M 1 : 100

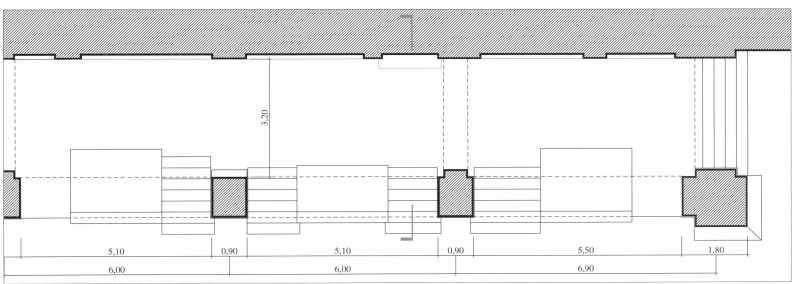

MÜNCHEN AMALIENSTRASSE

Die Amalienstraße ist eine Quartiersstraße in der Münchener Max-vorstadt, der klassizistischen Stadterweiterung nördlich der Altstadt. Ursprünglich als durchgrünte Villenkolonie geplant, wurde das städte-bauliche Konzept in einer Überarbeitung planmäßig verdichtet. Die Straße bildet eine über 750 Meter lange gerade Achse und führt auf die Akademie der Bildenden Künste zu, die trotz der enormen Straßen-länge auch von Weitem als überhöhtes Zielgebäude mit öffentlicher Funktion gut sichtbar ist und den Straßenraum an dessen Ende ab-schließt. **Die Straße ist Beispiel dafür, in welcher Abhängigkeit die** Geschosshöhen der den Straßenraum einfassenden Häuser zur Straßenbreite stehen. Prinzipiell kann die Enge einer Straße im Inneren der Häuser durch hohe Wohnräume und damit durch hohe, den Lichteinfall verstärkende Fenster kompensiert werden. Zugleich entwickeln hohe Geschosse bei hell verputzten Fassaden durch ihre Lichtreflexion auf den größeren Fassadenflächen auch eine große Helligkeit im Straßenraum. Das Foto zeigt, dass eini-gen Neubauten in der Amalienstraße diese hohen Geschosse feh-len. Dies führt nicht nur dazu, dass ihre Wohnräume im Inneren über wenig Tageslicht verfügen, sondern es fehlen diesen Häusern im öffentlichen Raum die großzügigen, das Licht reflektierenden hellen Putzflächen, so dass die Fassaden mit ihren niedrigen Fensteröffnungen gedrungen und abweisend erscheinen. Tief ein-geschnittene Loggien, wie auf der linken Straßenseite im Bild zu

sehen, verstärken diesen abweisenden Charakter. Der Vergleich mit der Leipziger Funkenburgstraße (siehe Seite 86) zeigt, dass die Amalienstraße trotz gleicher Breite und einer vier Meter niedrigeren Traufe durch die deutlich niedrigeren Geschosshöhen einen weniger großzügigen Charakter hat. Die über die Straße gespannten Hängelampen strukturieren den Straßenraum nicht und lassen die Straße eher wie eine technische Verkehrsstrasse erscheinen. Es fehlt der Rhythmus der Straßenlaterne, darüber hinaus erzeugt die asphaltierte Straße eine weniger lebendige Atmosphäre als eine Straße mit Natursteinpflaster, wie sie in den Beispielen Landshut (siehe Seite 84) oder Dresden (siehe Seite 54) abgebildet ist.

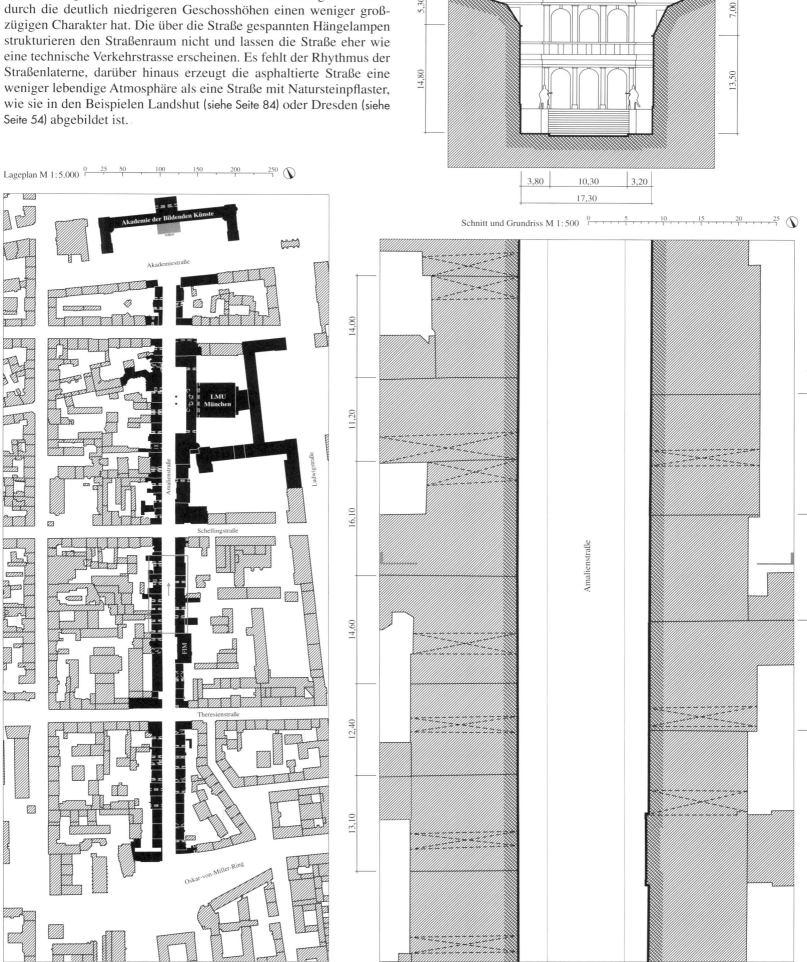

Lageplan M 1:5.000

Schnitt und Grundriss M 1:500

MÜNCHEN LUDWIGSTRASSE

Die Ludwigstraße ist eine repräsentative „Prachtstraße", deren Raum weitgehend durch die Fassaden öffentlicher Gebäude gebildet wird. Sie führt auf das Siegestor beziehungsweise auf die Feldherrnhalle am Odeonsplatz zu, die den städtischen Raum an den jeweiligen Enden als Zielgebäude begrenzen. Ab 1816 realisierte Leo von Klenze im südlichen Abschnitt Torbauten, Palais und Wohnhäuser. Unterschiedlichkeiten in der Fassadengestaltung der einzelnen Gebäude sorgen für Abwechslung der geschlossenen Straßenrandbebauung. **Die Ludwigstraße, die sich an mehreren Stellen aufweitet und auf diese** Weise unterschiedlich großzügige Plätze ausbildet, ist Beispiel eines städtebaulich geordneten Straßenraums, in dem selbst die Straßenlaternen in ihrer baulichen Gestalt und Größe, in regelmäßigen Abständen aufgestellt, die städtische Straße rhythmisieren und ihr dadurch einen bewusst angelegten öffentlichen Charakter verleihen. Die fast 40 Meter breite Straße weist etwa neun Meter breite Gehsteige, seitlich angeordnete Fahrradwege sowie mehrere Fahrspuren auf. Diese Straßendimension kann auch heute als überörtlicher Verkehrsweg gut entworfen und realisiert werden, um beispielsweise Bürohochhäuser oder öffentliche Bauten aufzureihen. Verkehr und Architektur verbinden sich dabei und werden zu einem repräsentativen städtischen Straßenraum.

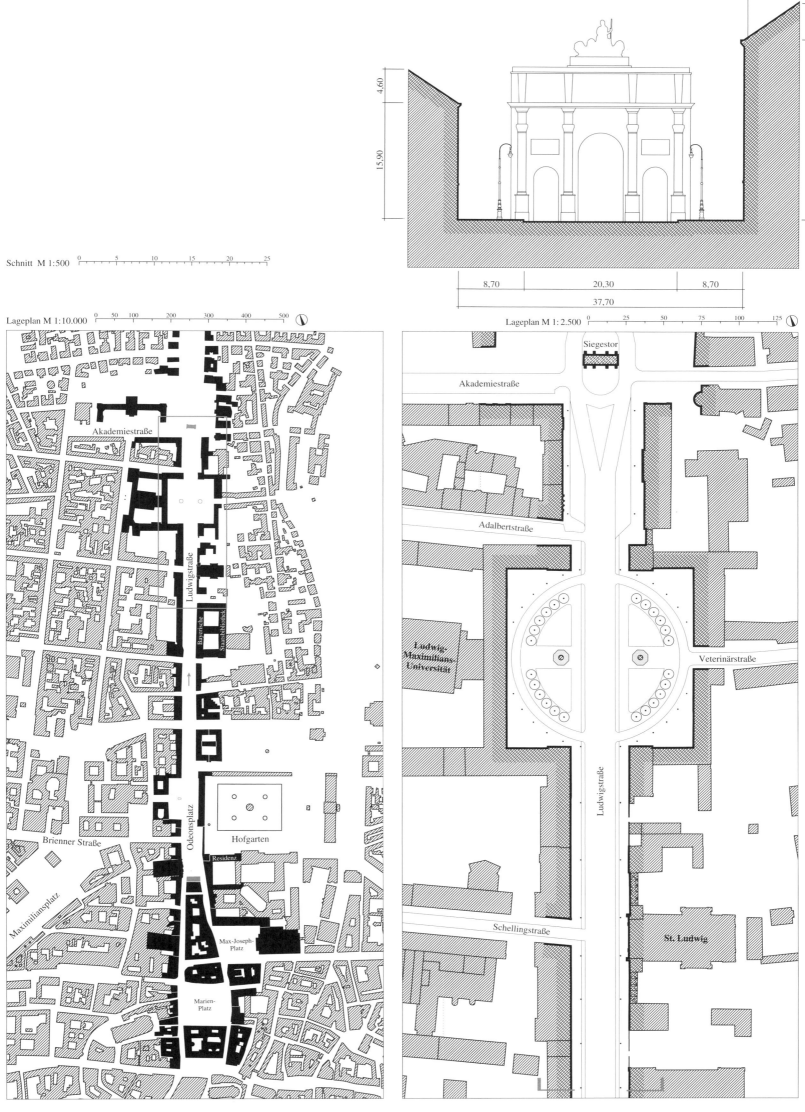

Schnitt M 1:500   0 5 10 15 20 25

5.00

4.60

15.90

24.75

8,70   20,30   8,70

37,70

Lageplan M 1:10.000   0 50 100 200 300 400 500

Akademiestraße

Ludwigstraße

Bayerische
Staatsbibliothek

Odeonsplatz

Hofgarten

Residenz

Brienner Straße

Maximiliansplatz

Max-Joseph-
Platz

Marien-
Platz

Lageplan M 1: 2.500   0 25 50 75 100 125

Siegestor

Akademiestraße

Adalbertstraße

Ludwig-
Maximilians-
Universität

Veterinärstraße

Ludwigstraße

Schellingstraße

St. Ludwig

MÜNSTER
PRINZIPALMARKT

Vergleicht man den zentralen Straßenraum der Altstadt in Dinkelsbühl (siehe Seite 50) mit dem Prinzipalmarkt, so erscheint die Reihung in Münster markanter. Dies ergibt sich daraus, dass jedes der drei- bis viergeschossigen Häuser mit sich im Typus wiederholenden Giebelfassaden versehen ist und das Auge dadurch eine Reihung immer gleicher Häuser wahrnimmt. **Der Prinzipalmarkt in Münster ist Beispiel für den gelungenen Raum einer Stadtstraße, der durch „Reihenhäuser" gebildet wird. Im Stadtraum des Marktes sind es ausschließlich die Straßenfassaden dieser Häuser, die das Bild der** Stadt prägen. Und in der Ausformulierung dieser Fassaden liegt auch der wahrnehmbare Unterschied zu den Reihenhäusern unserer Tage. Der sicher gravierendste Unterschied zur Fassade heutiger Reihenhäuser liegt in dem Sachverhalt, dass die Münsteraner Fassaden Straßenfassaden sind, mit denen sich vormals die Besitzer der Häuser in die Öffentlichkeit des Marktes hinein präsentierten und den Prinzipalmarkt damit zu einem öffentlichen Straßenraum machten. Und sie nutzten bei aller Einheitlichkeit, die durch den Typus der Giebelfassade vorgegeben war, die Möglichkeit, ihre Fassade durch eine individuelle Gestaltung im Detail zu personalisieren. Auch durch den Wiederaufbau in vereinfachter Form nach dem Zweiten Weltkrieg sind die Häuser individuell gestaltet und bilden trotz ihrer Individualität ein stimmiges, harmonisches und doch abwechslungsreiches Ensemble.

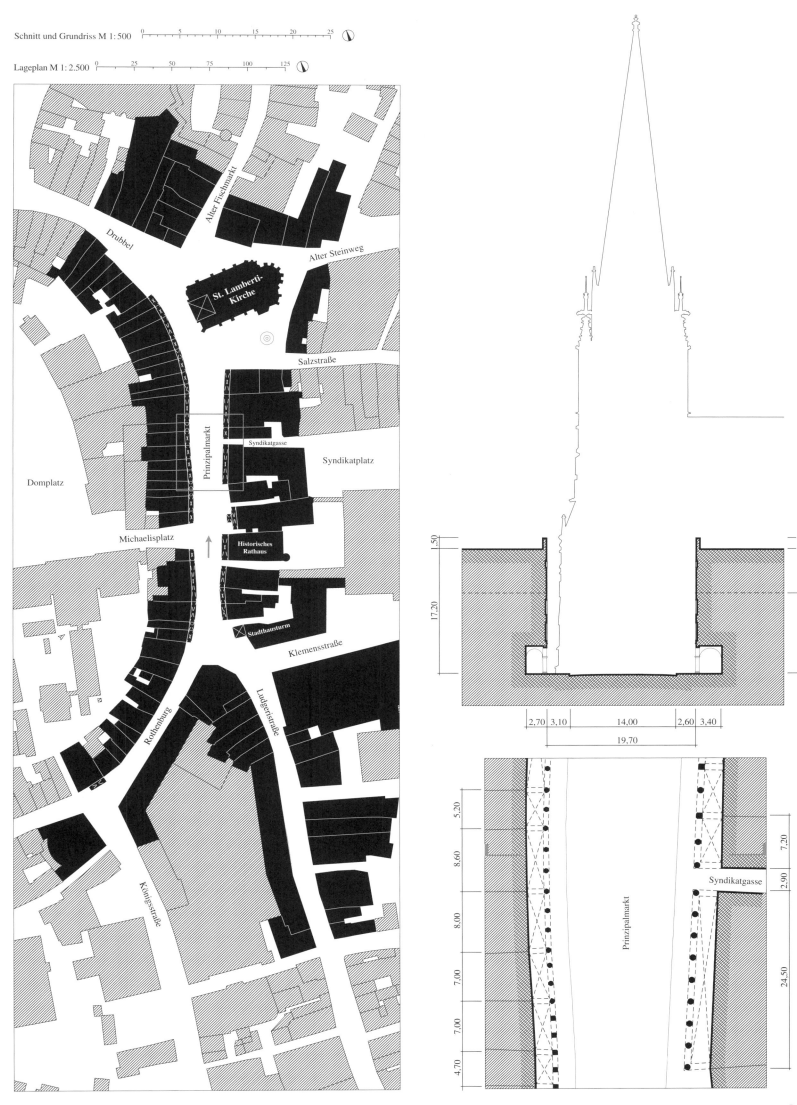

Schnitt und Grundriss M 1:500

Lageplan M 1:2.500

Drubbel

Alter Fischmarkt

Alter Steinweg

St. Lamberti-Kirche

Salzstraße

Syndikatgasse

Syndikatplatz

Prinzipalmarkt

Domplatz

Michaelisplatz

Historisches Rathaus

Stadthausturm

Klemensstraße

Rothenburg

Ludgeristraße

Königsstraße

1,50

17,20

6,00

11,20

2,70 | 3,10 | 14,00 | 2,60 | 3,40

19,70

5,20

8,60

8,00

7,00

7,00

4,70

7,20

2,90

24,50

Prinzipalmarkt

Syndikatgasse

MÜNSTER
PRINZIPALMARKT

Der Haustypus am Prinzipalmarkt wird nicht nur durch die aneinandergereihten Giebel, sondern ebenso durch das verbindende Element eines im Erdgeschoss durchlaufenden Arkadenraums aus massivem regionaltypischem beigefarbenem Sandstein gebildet, dessen Bögen meist auf runden Pfeilern ruhen. Auch die zwischen den Häusern an der Fassade hängenden Wandlaternen tragen zum Bauensemble bei. **Man kann sagen, dass die Reihung aller sich wiederholender Bauelemente der Fassaden dem Prinzipalmarkt seinen einzigartigen Charakter verleiht. Eines der wichtigsten dieser Bauelemente** scheint der aneinandergereihte Arkadenbogen im Sockel der Häuser zu sein, weil sich mit ihm das Erdgeschoss der Häuser in den Straßenraum hinein öffnet und dem Gesamtbild des Prinzipalmarkts damit seine Lebendigkeit verleiht. Wer diesen in Deutschland einmaligen öffentlichen Raum betritt, ist überwältigt von der **Schönheit, die mit der Aneinanderreihung und Wiederholung von einfachen Reihenhäusern erzeugt werden kann.** In Münster wird dieser in Deutschland einzigartige Eindruck des in sich geschlossenen öffentlichen Raums durch den Turm der St. Lamberti-Kirche im Norden und den Stadthausturm im Süden noch gesteigert.

Ansicht, Schnitt und Grundriss M 1:100

0.40

3.90

3.50

0.60   2.80

2.80

0.60 1.80 0.60 1.80 0.60 1.80 0.60

2.40   2.40   2.40

POTSDAM MITTELSTRASSE

Die Potsdamer Mittelstraße ist aufgrund des durchgehend verwendeten roten Backsteins und des Einsatzes eines sich aneinanderreihenden gleichen Haustypus Beispiel eines Straßenraums, der als städtebaulich architektonische Einheit erfahren wird. Das Erscheinungsbild der aufgereihten zweigeschossigen roten Bürgerhäuser mit geschweiften, im Detail unterschiedlich ausgeformten steilen Giebeln, die in rhythmischem Wechsel zu traufständigen Häusern stehen, ist ein einheitliches Gesamtbauwerk, das als Beispiel aus dem 18. Jahrhundert auch heute, im 21. Jahrhundert, in

sicher veränderter Architektur als identitätsstiftender Straßenraum realisierbar ist. Wie in Dinkelsbühl (siehe Seite 50) lässt sich die Anlage als Reihenhausbebauung bezeichnen, hier aber im Gepräge einer Siedlung. Jedes Haus hat, anders als im Siedlungsbau der 1920er Jahre, eine im Detail unterschiedlich gestaltete individuelle Fassade. Sie basiert auf dem Typenentwurf eines Dreifensterhauses. Ein durchbindender Flurraum erschließt Hof und Garten. Die Reihung des immer gleichen Hauses erhält ihre Lebendigkeit durch unterschiedliche Details. Die schmucklosen Backsteinfassaden entwickeln ihren Reiz durch ihre rote Farbe im Kontrast zu den weiß lackierten Holzfenstern. Lebendigkeit entsteht auch durch die unterschiedliche Präsenz der Fassaden im Straßenraum. Während die giebelständigen Hausfassaden ein „Gesicht" zur Straße aufweisen, deutlich dominieren und in den Vordergrund treten, wirken die traufständigen Häuser weniger präsent.

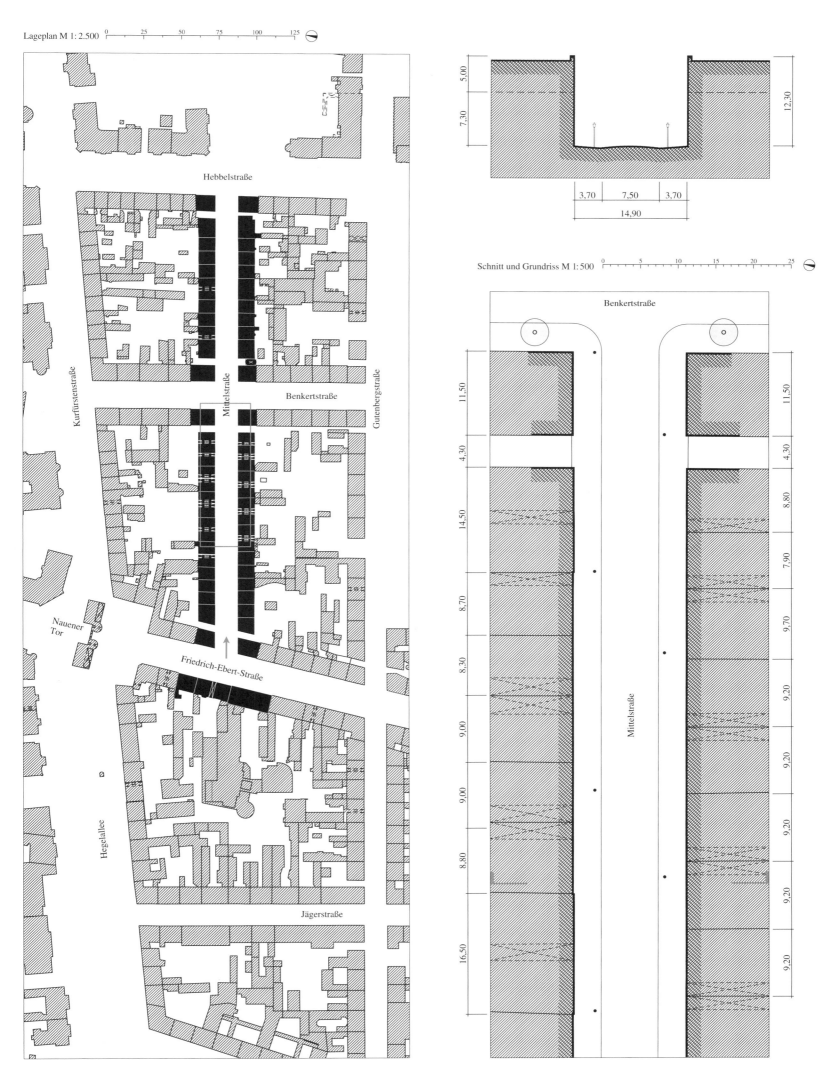

Lageplan M 1:2.500

Hebbelstraße

Kurfürstenstraße

Mittelstraße

Benkertstraße

Gutenbergstraße

Nauener Tor

Friedrich-Ebert-Straße

Hegelallee

Jägerstraße

5,00

7,30

12,30

3,70   7,50   3,70

14,90

Schnitt und Grundriss M 1:500

Benkertstraße

11,50

4,30

8,80

14,50

7,90

8,70

9,70

8,30

9,20

9,00

9,20

9,00

9,20

8,80

9,20

16,50

9,20

11,50

Mittelstraße

101

REGENSBURG LUDWIGSTRASSE

Die Ludwigstraße verbindet den Regensburger Arnulfsplatz mit dem Haidplatz. **Die zehn Meter breite Straße mit ihren drei- bis vier- geschossigen Häusern erscheint dem Betrachter zunächst wenig spektakulär. Fast alle Häuser stehen traufständig mit unterschied- licher Fassadengestalt zur Straße. Und doch lässt sich an diesem Beispiel perfekt ablesen, wie die Häuser auf die jeweils stadt- räumliche Situation reagieren. Es scheint, als wenn überall dort, wo eine Gasse auf die Ludwigstraße stößt, die Traufständigkeit aufgehoben ist und einem ein giebelständiges Haus entgegentritt.**

Schaut man in Richtung Arnulfsplatz, schließt sich der Stadtraum am Ende der Straße mit vier unterschiedlich großen giebelständigen Häusern (4), die schon von Weitem erkennbar sind. Blickt man vom Bismarckplatz kommend durch die Drei-Mohren-Straße, läuft man auch dort auf den Giebel eines Hauses der Ludwigstraße zu (1). **Be- sonders spannend ist die Situation, wenn man durch die Ludwig- straße in Richtung Haidplatz geht. An der Ecke Glockengasse (2) schiebt sich der Treppengiebel eines Hauses in die Ludwigstraße hi- nein und scheint den Straßenraum an dieser Stelle abzuschließen.** Nähert man sich diesem Ort, wird deutlich, dass es sich nicht um einen Raumabschluss, sondern um eine Verengung des Straßenraums han- delt. Steht man am Übergang zum Haidplatz (2), der sich an dieser Verengung trichterförmig öffnet, so erscheint im Straßenbild der Eck- turm des den Platz abschließenden Hauses „Neue Waag" (3). Er weist

auf die Hauptwegerichtung zum Rathausplatz hin. Beim Durchlaufen der Straße rücken dem Betrachter immer wieder neue Häuser als Zielgebäude ins Blickfeld und machen den zurückzulegenden Weg zu einem abwechslungsreichen Erlebnis. **Derartige stadträumliche Situationen sind auch im Städtebau unserer Zeit mit wenig Aufwand realisierbar, wenn Architektur und Städtebau wieder als Einheit gedacht und realisiert werden.** Aus dem Inneren der Wohnungen dieser Zielgebäude schaut man in die Tiefe des jeweiligen Straßenraums, was die Wohnqualität um ein Vielfaches erhöht.

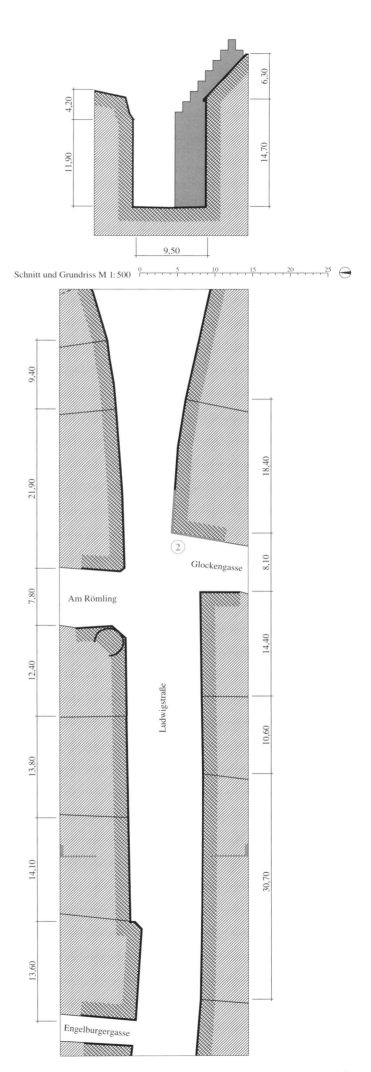

Lageplan M 1:2.500

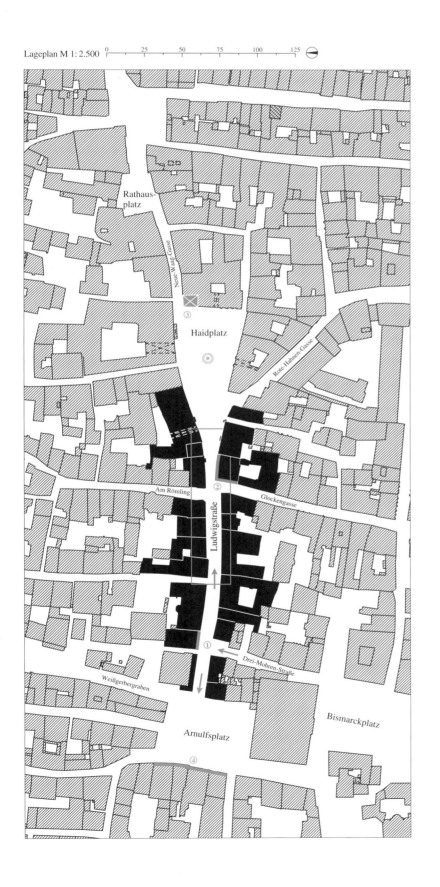

Schnitt und Grundriss M 1:500

SPEYER MAXIMILIANSTRASSE

Der mit etwa 600 Metern auffällig lange Straßenraum der Maximilianstraße wird durch ein Torgebäude der mittelalterlichen Stadtmauer, das „Altpörtel", im Westen und den Dom zu Speyer im Osten abgeschlossen. Beide Bauwerke fungieren als Zielgebäude, die monumentale Eingangsfassade und die enorme Höhe des Kaiserdoms dominieren jedoch den Straßenraum. Dieser weitet sich an seinen beiden Enden vor dem Dom und am Torhaus platzartig auf. Das Höhen-Breiten-Verhältnis der Maximilianstraße von 1:2 sowie die räumlichen Aufweitungen lassen den Straßenraum weitläufig und die

Zielgebäude an den jeweiligen Enden noch mächtiger erscheinen. Die raumbildende Bebauung steht mit ihren Straßenfassaden als Beispiel für eine heterogene, in der Architektur der Häuser völlig uneinheitliche Formensprache (siehe auch Lindau, Seite 88). In verschiedenen Zeiten erbaut, sind die Fassaden der Häuser teils giebel-, teils traufständig zum Straßenraum hin ausgerichtet, schlicht verputzt oder aufwendig mit Naturstein verkleidet und geben der Maximilianstraße ein vielfältiges Aussehen. Anders als in den Straßenräumen von Münster, Dinkelsbühl, Potsdam oder Wismar, in denen typisierte Häuser das Straßenbild prägen, ist die Maximilianstraße in Speyer Beispiel eines Straßenraums, der von individualistischen Architekturen gebildet wird. Allerdings formen die Hausfassaden durch ihre immer gleiche Konstruktionsart, verputzt und befenstert, für den Betrachter eine Einheit als

durchlaufende Straßenwand, die nicht durch Glas- oder Alumi-
niumfassaden unterbrochen ist. Die Dominanz der öffentlichen
Bauwerke an den beiden Straßenenden sowie die durchgehend ge-
führten Raumfluchten fangen den Individualismus der Häuser auf und
lassen den städtischen Raum als eine in sich geschlossene Einheit
erscheinen. Mit zeitgenössischer Architektur versehen, kann dieser
Straßenraum in gewisser Weise Anleitung und Beispiel für einen
unserer Zeit entsprechenden Straßenraumentwurf sein.

Lageplan M 1:5.000

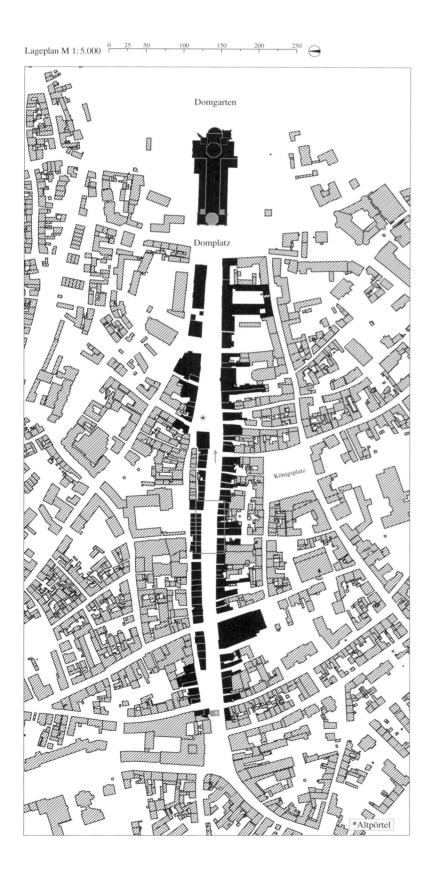

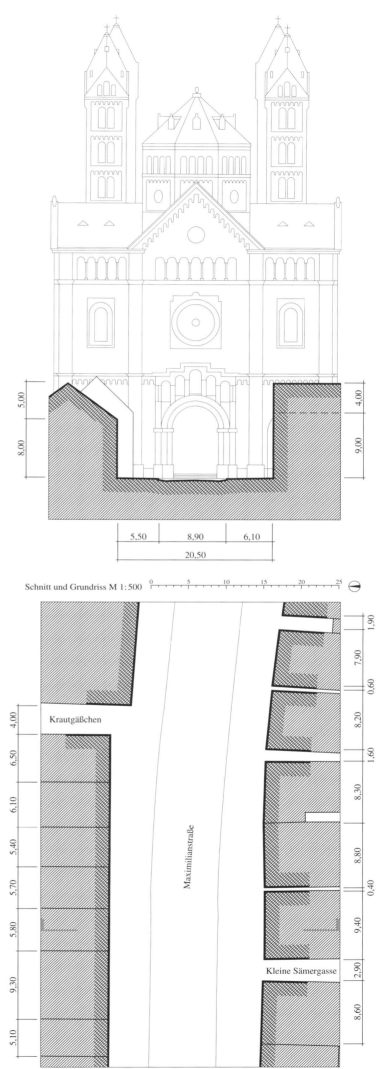

Schnitt und Grundriss M 1:500

STRALSUND FÄHRSTRASSE

Der geschwungene, mit etwa zwölf Metern verhältnismäßig schmale Straßenraum wird durch dreigeschossige Häuser aus verschiedenen Epochen gefasst. Das Bild der Straße prägen unterschiedlichste, symmetrisch angelegte Giebelfassaden, deren „Gesichter" durch die leichte Kurvung des Straßenraums besonders präsent werden. Der Eingang der Häuser liegt in ihrer Mittelachse und ist tief in die Fassade hineingeschoben. In und mit diesem tiefen Einschnitt in den Sockeln der Fassaden öffnen sich die Häuser in besonderer Weise in den Straßenraum hinein. Diese Besonderheit des Sich-Öffnens verstärken Eingangsstufen, die sich aus der Tiefe des Hauseingangs auf den Gehsteig schieben und als verbindendes Element zwischen Haus und Straße fungieren. Giebel und Hauseingang sorgen damit für eine große Präsenz der Häuser an der Straße. **Zugleich steht das Beispiel für die räumliche Längenkürzung eines Straßenraums, der sich in seinem Verlauf aufgabelt und an diesen vermeintlichen Enden durch zwei Eckhäuser räumlich schließt. Damit entsteht zwischen den beiden in der Gabelung zentral erscheinenden Häusern eine Art Zentrum, das die Länge der Straße räumlich verkürzt.** Unterschiedliche Fassadenmaterialien wie verschiedenfarbiger Putz und Backstein verleihen der Bebauung einen abwechslungsreichen Charakter. Der kurvige Straßenverlauf und die städtebaulich geschaffenen Blickpunkte schließen den Straßenraum für das Auge an seinen beiden Enden räumlich ab und machen ihn damit überschaubar.

Schnitt und Grundriss M 1:500　0　　5　　10　　15　　20　　25

8,80

13,60

6,50

8,70

2,60　7,10　2,70

12,40

Lageplan M 1:2.500　0　　25　　50　　75　　100　　125

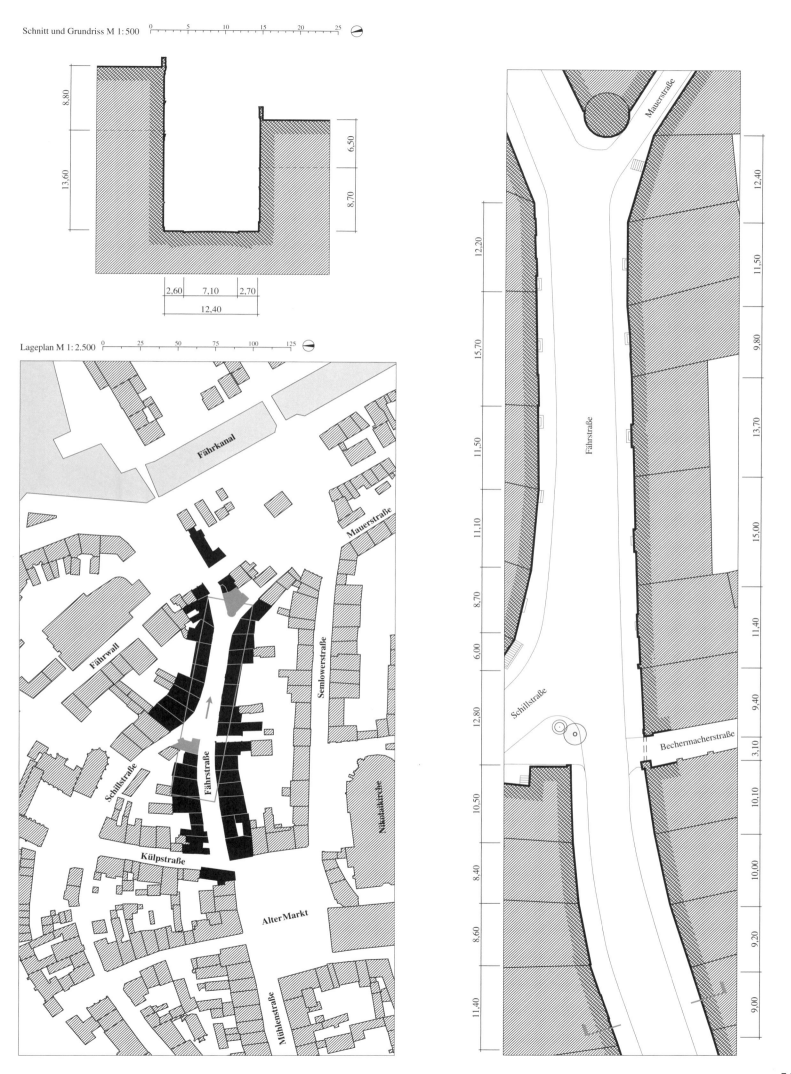

Fährkanal

Mauerstraße

Semlowerstraße

Fährwall

Nikolaikirche

Schillstraße

Fährstraße

Külpstraße

Alter Markt

Mühlenstraße

12,20

15,70

11,50

11,10

8,70

6,00

12,80

10,50

8,40

8,60

11,40

Mauerstraße

Fährstraße

Schillstraße

Bechermacherstraße

12,40

11,50

9,80

13,70

15,00

11,40

9,40

3,10

10,10

10,00

9,20

9,00

WIESBADEN ADOLFSALLEE

Die Adolfsallee ist nur wenige Meter schmaler als die Berliner Allee Unter den Linden (siehe Seite 29). Mit ihrer zentralen Grünanlage und den tiefen Vorgärten weist sie einen wohnlichen Charakter auf und ist Beispiel eines an allen Seiten eingefassten großen „Pocket-Parks", der als Erholungsraum, Spielfläche sowie nicht zuletzt als grüne Lunge Verwendung findet. Räumlich strukturiert wird die Straße durch die markanten Straßenerker der Fassaden, begrünte und von niedrigen Mauern gefasste Vorgärten, vier Baumreihen sowie regelmäßig gesetzte Laternen. Die acht Meter tiefen Vorgärten und das

an sie angeschlossene vorhandene Hochparterre ermöglichen eine gewisse Privatheit und einen räumlichen Übergang zwischen dem privaten Wohnen im Erdgeschoss und der Straße. Das einheitlich wirkende Ensemble der weißen Hausfassaden mit ihren bodentiefen, in den Straßenraum hineinkragenden Erkern und Balkonen sorgt für ein homogenes, gefälliges Bild. Für das Auge nehmen die Häuser über diese Bauteile am Leben der öffentlichen Straße teil. Auf den zweiten Blick erkennt man die Individualität eines jeden Hauses, die differenzierte Ausbildung unterschiedlicher, mittig angeordneter Erker, Fenster und die verschiedenen hellen Pastelltöne der Putzfassaden. Ihre Reihung und Strukturierung folgen einem Formenkanon, der viele Varianten zulässt. So erfährt das Auge des Betrachters jedes Haus als etwas Neues und nimmt den Straßenraum dennoch als einheitliches und harmonisches Ensemble wahr.

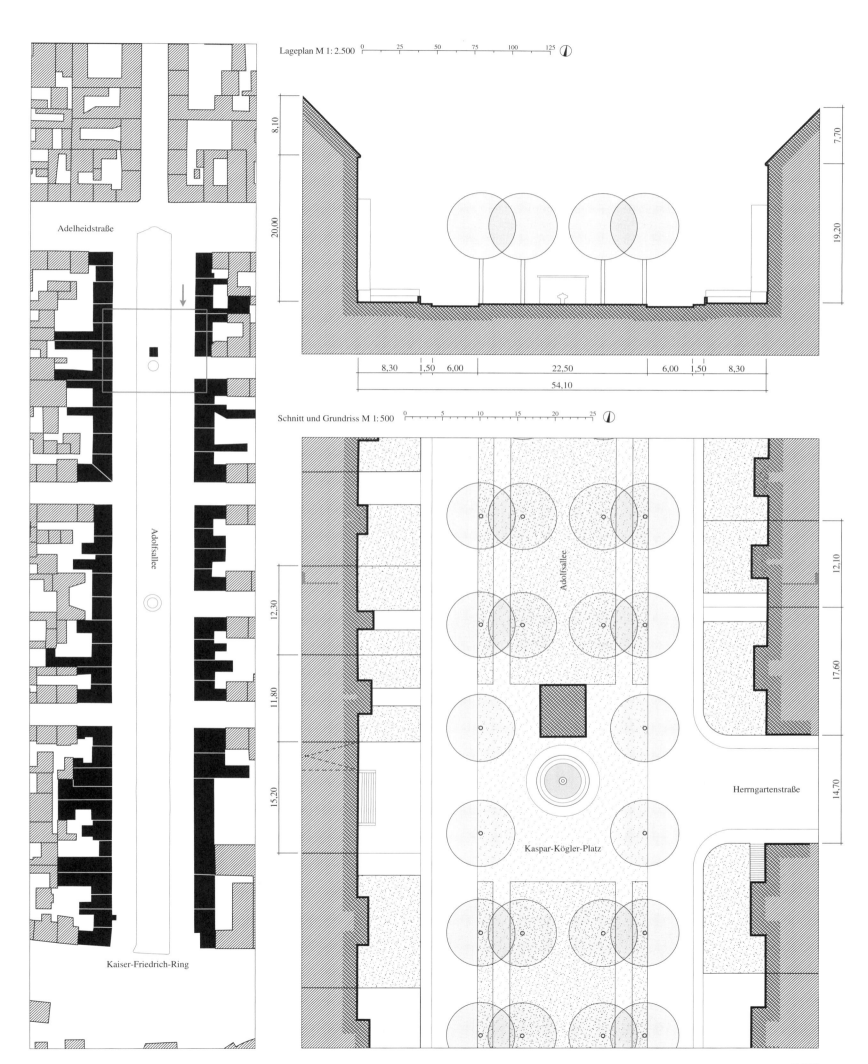

Lageplan M 1:2.500

Adelheidstraße

Adolfsallee

Kaiser-Friedrich-Ring

Schnitt und Grundriss M 1:500

Adolfsallee

Kaspar-Kögler-Platz

Herrngartenstraße

8,10

20,00

7,70

19,20

8,30   1,50   6,00   22,50   6,00   1,50   8,30

54,10

12,30

11,80

15,20

12,10

17,60

14,70

WISMAR KRÄMERSTRASSE

Die Krämerstraße verläuft leicht hangabwärts und ist deutlich breiter als viele andere Straßen in Wismar. Sie weitet sich im Norden platzartig auf, wo sie durch die giebelständigen Häuser der Bademutterstraße räumlich geschlossen wird (1). Der über 200 Meter entfernte dahinterliegende Turm der Backsteinkirche St. Nikolai (2) schließt den Raum ein weiteres Mal und steigert den Raumeindruck. Die zwei- bis dreigeschossigen Reihenhäuser bilden eine geschlossene Straßenrandbebauung und sind meist giebelständig zur Straße ausgerichtet. Als besonders charakteristisch erscheint dabei die unterschiedliche

Ausbildung der Treppen- und Volutengiebel. **In diesem Beispiel wird, anders als in Münster** (siehe Seite 96) **oder in Potsdam** (siehe Seite 100), **innerhalb der Haustypisierung die Individualität des einzelnen Reihenhauses vor allem durch unterschiedliche Fassadenfarben hervorgehoben. Diese Individualität schränkt aber in keiner Weise den öffentlichen Charakter der Krämerstraße ein, weil die untereinander abgestimmten Pastelltöne die Hausfassaden zu einem Ensemble vereinen. An den Fassaden angebrachte Laternen unterstützen die Idee der Einheitlichkeit in der Gestaltung des Straßenraums.** Schilder und Markisen sowie gastronomische und gewerbliche Nutzungen in den Erdgeschossen unterstreichen das Wechselspiel zwischen der individuellen Bebauung und dem öffentlichen Straßenraum.

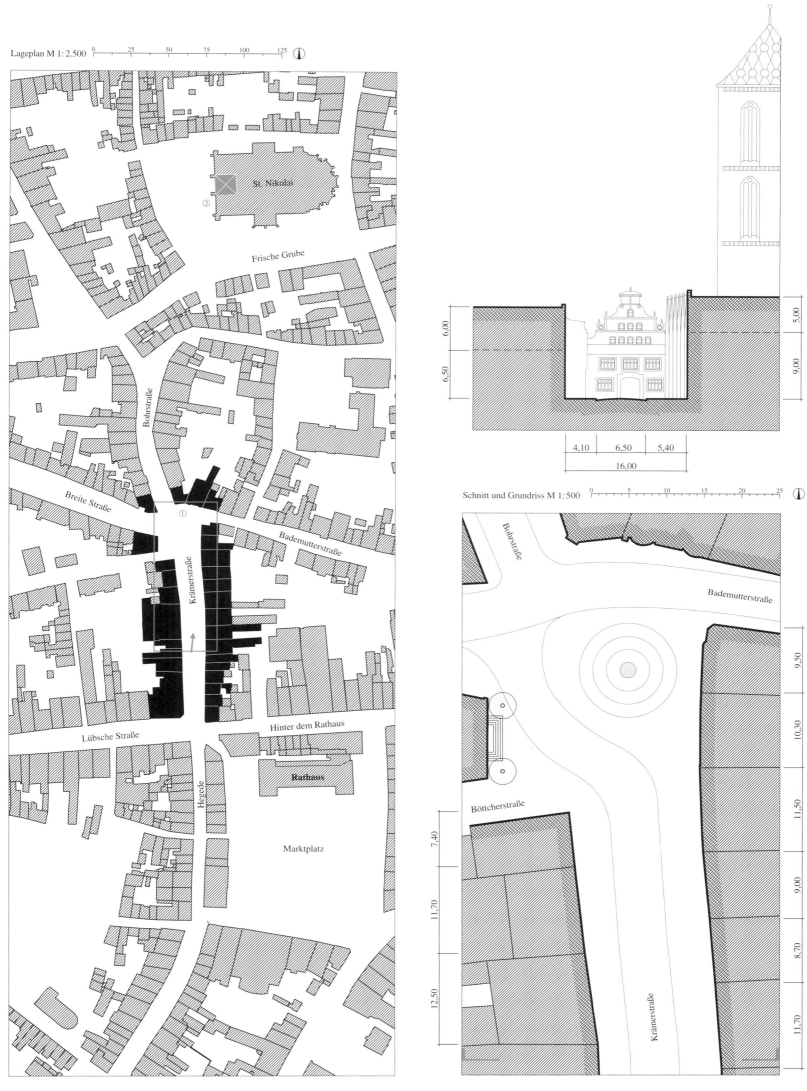

Lageplan M 1:2.500

0 25 50 75 100 125

St. Nikolai

Frische Grube

Bohrstraße

Breite Straße

Bademutterstraße

Krämerstraße

Lübsche Straße

Hinter dem Rathaus

Hegede

Rathaus

Marktplatz

6,00
6,50
5,00
9,00

4,10   6,50   5,40

16,00

Schnitt und Grundriss M 1:500

0 5 10 15 20 25

Bohrstraße

Bademutterstraße

Böttcherstraße

Krämerstraße

9,50
10,30
11,50
9,00
8,70
11,70

7,40
11,70
12,50

AUTOREN

Vittorio Magnago Lampugnani studierte Architektur in Rom und Stuttgart, wo er 1977 promovierte. Nach einer Assistententätigkeit am dortigen Institut für Grundlagen der modernen Architektur und Entwerfen war er zwischen 1980 und 1984 Wissenschaftlicher Berater der Internationalen Bauausstellung (IBA) Berlin. 1990 übernahm er die Herausgeberschaft der Zeitschrift Domus sowie die Leitung des Deutschen Architekturmuseums in Frankfurt am Main, das er bis 1995 führte. Er hatte unter anderem eine Professur an der Graduate School of Design der Harvard University inne. Von 1994 bis 2016 war er Professor für Geschichte des Städtebaus an der ETH Zürich. Er führt eigene Architekturbüros in Mailand sowie Zürich und ist Fellow am Wissenschaftskolleg zu Berlin.

Christoph Mäckler studierte Architektur in Darmstadt und in Aachen und führt seit 1981 ein eigenes Büro für Architektur und Städtebau in Frankfurt am Main. Nach Gastprofessuren in Kassel, Neapel, Braunschweig und Hannover hatte er von 1998 bis 2018 den Lehrstuhl Städtebau an der TU Dortmund inne. Er ist Direktor des Deutschen Instituts für Stadtbaukunst, das er gemeinsam mit Wolfgang Sonne 2008 gründete. Er war Vorsitzender des Gestaltungsbeirats Dom-Römer in Frankfurt am Main und ist Mitglied der Gestaltungsbeiräte in Münster und Soest sowie des Kuratoriums der Bundesstiftung Baukultur.

Werner Oechslin studierte Kunstgeschichte, Archäologie, Philosophie und Mathematik in Zürich und Rom. Er lehrte in Boston, Berlin, Bonn und Genf und war von 1985 bis 2010 Professor an der ETH Zürich. Von 1986 bis 2007 war er Direktor des Instituts für Geschichte und Theorie der Architektur. 1998 gründete er die Bibliothek Werner Oechslin in Einsiedeln in der Schweiz, eine Forschungsbibliothek, in der bibliothekarisches Wissen und eine tiefer führende Erforschung der Quellenschriften in engster Verbindung stehen. Die Stiftung Bibliothek Werner Oechslin steht in Kooperation mit der ETH Zürich und ist Mitglied der Schweizerischen Akademie der Geistes- und Sozialwissenschaften / SAGW und der Schweizerischen Akademie der Technischen Wissenschaften.

Alexander Pellnitz studierte Architektur in Berlin und Mailand und promovierte 2011 an der TU Berlin. Von 2000 bis 2003 war er Mitarbeiter und Assistent von Giorgio Grassi im Studio und am Politecnico di Milano und von 2008 bis 2014 Wissenschaftlicher Leiter des Deutschen Instituts für Stadtbaukunst an der TU Dortmund. Seit 2015 ist er Professor für Städtebau und Stadttheorie an der THM Technische Hochschule Mittelhessen in Gießen und leitet das von ihm 2020 gegründete Institut für Architektur und Städtebau an der THM. Seit 2004 führt er ein eigenes Büro für Architektur und Städtebau in Berlin.

Anne Pfeil absolvierte zunächst ein Biologiestudium an der Rheinischen Friedrich-Wilhelms-Universität in Bonn. Anschließend studierte sie Architektur an der TU Berlin. Nach verschiedenen Tätigkeiten in Planungs- und Architekturbüros war sie Wissenschaftliche Mitarbeiterin an der Universität Hannover und an der TU Dresden und promovierte 2012 im Rahmen der Dresden Leibniz Graduate School (DLGS) an der TU Dresden. Seit 2012 ist sie Stellvertretende Stadtarchitektin in der Stadt Zug (Schweiz).

Jan Pieper studierte Architektur und Architekturgeschichte in Berlin, Aachen und London. Er arbeitete im Büro von Gottfried Böhm in Köln und war nach seiner Promotion von 1974 bis 1976 dessen Wissenschaftlicher Assistent am Lehrstuhl für Stadtbereichsplanung und Werklehre an der RWTH Aachen. Am Institut für Kunstgeschichte der RWTH Aachen wurde er 1978 habilitiert. Nach Professuren für Baugeschichte an der FH Köln und für Architektur- und Stadtgeschichte an der TU Berlin hatte er von 1993 bis 2013 den Lehrstuhl für Baugeschichte und Denkmalpflege an der RWTH Aachen inne.

Birgit Roth studierte Innenarchitektur in Rosenheim und Baukunst in Düsseldorf. Von 1989 bis 2011 plante und leitete sie als angestellte Architektin zahlreiche Kultur-, Verwaltungs- und Wohnungsbauprojekte. Sie war von 2008 bis 2018 Wissenschaftliche Mitarbeiterin am Lehrstuhl Städtebau an der TU Dortmund und erforscht seit 2011 die morphologische und typologische Struktur der Stadt am Deutschen Institut für Stadtbaukunst. 2016 übernahm sie dessen Wissenschaftliche Leitung. Sie hat die Ausstellung „Plätze in Deutschland 1950 und heute" kuratiert und war Mitglied des Städtebaubeirats in Frankfurt am Main.

Mirjam Schmidt studierte Kunstgeschichte in München und Frankfurt am Main. Nach ihrer Tätigkeit im Bereich zeitgenössischer Kunst wechselte sie 2010 zu Meixner Schlüter Wendt Architekten in Frankfurt am Main. Von 2013 bis 2018 war sie Assistentin von Christoph Mäckler. 2018 übernahm sie die Position einer Dezernatsreferentin bei der Stadt Frankfurt am Main und wurde Ende 2018 für Bündnis 90/Die Grünen als Abgeordnete in den Hessischen Landtag gewählt.

Wolfgang Sonne studierte Kunstgeschichte und Klassische Archäologie in München, Paris und Berlin. Von 1994 bis 2003 war er Assistent, Oberassistent und Dozent an der Professur für Geschichte des Städtebaus sowie am Institut für Geschichte und Theorie der Architektur an der ETH Zürich, wo er 2001 promovierte. Nach Lehrtätigkeiten an der Harvard University in Cambridge, Massachusetts, sowie in Wien und Glasgow ist er seit 2007 Professor für Geschichte und Theorie der Architektur an der TU Dortmund. Er ist Stellvertretender Direktor des Deutschen Instituts für Stadtbaukunst, das er gemeinsam mit Christoph Mäckler 2008 gründete, und Wissenschaftlicher Leiter des Baukunstarchivs NRW.

Jürg Sulzer studierte Architektur und Städtebau in Berlin. Er promovierte 1977 an der TU Berlin und war bis 1982 als Stadtplaner beim Berliner Bausenator tätig. Von 1983 bis 2004 war er Stadtplaner der Stadt Bern. An der TU Dresden hatte er von 2004 bis 2015 den Lehrstuhl für Stadtumbau und Stadtentwicklung inne und leitete das Görlitz Kompetenzzentrum Revitalisierender Städtebau sowie von 2009 bis 2016 das Forschungsprojekt des Schweizerischen Nationalfonds NFP 65 Neue Urbane Qualität. Er ist Mitglied der Kommission für Stadtgestaltung in München und Vorsitzender der Gestaltungskommission in Dresden.

Thomas Will studierte Architektur in München, Zürich und an der Cornell University/Ithaka/NY. Er arbeitete als Architekt im Büro O.M. Ungers in Köln und war ab 1979 Assistent an der TU München, wo er 1985 die kommissarische Leitung des Aufbaustudiengangs Denkmalpflege übernahm. Ab 1994 hatte er den Lehrstuhl für Denkmalpflege und Entwerfen an der TU Dresden inne und ist dort seit 2018 Seniorprofessor. Seit 1979 ist er auch als freischaffender Architekt tätig, von 1987 bis 1996 führte er das Architekturbüro Valena & Will in München.

BILDNACHWEIS

NACHWEIS DER ZEICHNUNGS-QUELLEN

BAND 1
STADTRÄUME

Berlin Open Data
22, 23, 27, 28, 31, 28, 81, 83, 85

Geobasisinformation und Vermessung
Sachsen, über Stadt Leipzig, Amt für
Geoinformation und Bodenordnung 2011
27, 77, 111

GeoPortal Mecklenburg-Vorpommern
78

Hansestadt Lübeck, Stadtplanung
24, 47, 76

Hansestadt Stralsund, Bauamt,
Abteilung Planung und Denkmalpflege
78

Heinz Stoob, Deutscher Städteatlas Lie-
ferung IV, Nr. 1, Tafel 1, Dortmund 1989
77

Hessische Verwaltung für Boden-
management und Geoinformation,
Geoportal Hessen
22, 23, 27, 29, 31, 97, 107

Landesamt für Geoinformation und
Landesvermessung Niedersachsen
über Stadt Oldenburg, Fachdienst
Stadtinformation und Geodaten
25, 121

Landesamt für innere Verwaltung
Mecklenburg-Vorpommern,
Amt für Geoinformation,
Vermessungs- und Katasterwesen
41, 78

Landesamt für Vermessung und
Geoinformation Bayern
24, 30, 39, 45, 51, 55, 76, 77, 78,
79, 117, 119

Landesamt für Vermessung und
Geobasisinformation Rheinland-Pfalz
über Stadt Ludwigshafen
31, 113

Landesamt GeoInformation Bremen
26, 89

Landeshauptstadt Düsseldorf,
Vermessungs- und Liegenschaftsamt –
Lizenz Nr.: 62/62-221/2014
29, 93

Landeshauptstadt Hannover,
Geoinformation
23, 105

Landeshauptstadt Mainz, Bauamt,
Sachgebiet GIS und Kartographie
30, 115

Landeshauptstadt Stuttgart, Amt für
Stadtplanung und Stadterneuerung
30, 125

Stadt Aachen, Fachbereich
Geoinformation und Bodenordnung
77

Stadt Bielefeld, Amt für
Geoinformation und Kataster
22

Stadt Braunschweig, Fachbereich
Stadtplanung und Umweltschutz,
Abteilung Geoinformation
25, 29, 87

Stadt Dresden, Stadtplanungsamt
25, 91

Stadt Eisenhüttenstadt,
FB6 Bauen und Liegenschaftsverwaltung
22

Stadt Essen, Amt für Geoinformation,
Vermessung und Kataster
26, 95

Stadt Frankfurt am Main,
Stadtvermessungsamt, Stand 07/2012
26, 99

Stadt Freiburg im Breisgau,
Vermessungsamt
77

Stadt Halle (Saale), Fachbereich Planen,
Abteilung Stadtvermessung
29, 101

Stadt Heidelberg,
Vermessungsamt
43, 79

Stadt Karlsruhe,
Liegenschaftsamt
79

Stadt Köln,
Stadtplanungsamt
31, 79, 109

Stadt Leipzig
77

BAND 2
HOFRÄUME

BAND 4
STRASSENRÄUME

Grundlage der vorliegenden Arbeit ist das Forschungsprojekt „Handbuch der Stadtbaukunst", das im Rahmen der Nationalen Stadtentwicklungspolitik aus dem Bundeshaushalt gefördert wurde.

NATIONALE
STADT
ENTWICKLUNGS
POLITIK

Die Zeichnungen entstanden auf Grundlage von zur Verfügung gestellten Dateien der Städte:

AACHEN ALSFELD ANSBACH AUGSBURG BAD AROLSEN BAD TÖLZ BAMBERG BERLIN BIELEFELD BOCHUM BRAUNSCHWEIG BREMEN CELLE CHEMNITZ DINKELSBÜHL DORTMUND DRESDEN DÜSSELDORF EISENHÜTTENSTADT ESSEN FRANKFURT AM MAIN FREIBURG FREUDENSTADT GÖRLITZ GREIFSWALD HALLE HAMBURG HANNOVER HEIDELBERG KARLSRUHE KASSEL KEMPTEN KIEL KÖLN LANDSHUT LEIPZIG LINDAU LÜBECK LUDWIGSBURG LUDWIGSHAFEN LÜNEBURG MAINZ MANNHEIM MÜNCHEN MÜNSTER NÖRDLINGEN NÜRNBERG OLDENBURG PASSAU POTSDAM PUTBUS REGENSBURG ROSENHEIM SCHWÄBISCH GMÜND SPEYER STRALSUND STUTTGART TRIER TÜBINGEN WANGEN IM ALLGÄU WARENDORF WEIMAR WIESBADEN WISMAR WUPPERTAL

MIT BEITRÄGEN VON
VITTORIO MAGNAGO LAMPUGNANI
WERNER OECHSLIN
JAN PIEPER
WOLFGANG SONNE
SOWIE
ALEXANDER PELLNITZ
BIRGIT ROTH
MIRJAM SCHMIDT
JÜRG SULZER UND **ANNE PFEIL**
THOMAS WILL

DIE EINZELTEXTE **STRASSENRÄUME IM VERGLEICH**
SIND IN ZUSAMMENARBEIT MIT BIRGIT ROTH UND
GINA VON DEN DRIESCH ENTSTANDEN.

HERAUSGEBER CHRISTOPH MÄCKLER
DEUTSCHES INSTITUT FÜR STADTBAUKUNST

REDAKTION JYTTE ZWILLING
ZEICHNUNGEN MARIANNE KAISER UND JYTTE ZWILLING
LEKTORAT GINA VON DEN DRIESCH
KORREKTORAT UTA KEIL
SCHRÄGLUFTFOTOS NÜRNBERGLUFTBILD, HAJO DIETZ
GRAFIK-DESIGN ANTONIA HENSCHEL, SIGN KOMMUNIKATION
DRUCK GRASPO CZ, A.S.

© 2023 BY JOVIS VERLAG GMBH
LÜTZOWSTRASSE 33, 10785 BERLIN, WWW.JOVIS.DE
EIN UNTERNEHMEN DER WALTER DE GRUYTER GMBH
DAS COPYRIGHT FÜR DIE TEXTE LIEGT BEI DEN AUTOREN.
DAS COPYRIGHT FÜR DIE ABBILDUNGEN LIEGT BEI DEN
FOTOGRAFEN / INHABERN DER BILDRECHTE.
ALLE RECHTE VORBEHALTEN.

ISBN 978-3-98612-058-0 (BAND 4)
ISBN 978-3-98612-054-2 (BAND 1–4 IM SET)

DEUTSCHES
INSTITUT FÜR
**STADT
BAU
KUNST**

technische universität
dortmund